Festung Dömitz im 1000jährigem Mecklenburg

Jürgen Scharnweber

Festung Dömitz

im 1000jährigem Mecklenburg

Eine illustrierte Chronik

Köhring & Co.

© 1995 Druck- und Verlagsgesellschaft Köhring & Co., Lüchow
ISBN 3-926322-18-7

Das Buch ist urheberrechtlich geschützt. Alle dadurch begründeten Rechte, insbesondere die der Übersetzung, des Nachdrucks, des Vortrags, der Funksendung, der Wiedergabe auf fotomechanischem Wege, bleiben, auch bei nur auszugsweiser Verwertung, vorbehalten.

Gesamtherstellung: Druck- und Verlagsgesellschaft Köhring & Co., Lüchow

Eingang zur Festung Dömitz 1992, Karl Petersen, Lüneburg

Gewidmet dem Gründer des Museums in der Festung Dömitz,

meinem Vater Karl Scharnweber

✸ 9. Dezember 1908 – † 30. April 1991

Inhaltsverzeichnis

Ein „festes Haus" an der Elbe – Dömitz in der Grafschaft Dannenberg 8

Der Bau der Festung 16

Die politische und militärische Bedeutung der
Festung im Dreißigjährigen Krieg 31

Die Festung als Residenz des mecklenburgischen Herzogs Karl Leopold 40

Stockhaus, Tollhaus und Zuchthaus –
die Wandlung der Festung zur Strafvollzugsanstalt für Mecklenburg 46

Die Festung Dömitz im Befreiungskrieg gegen
die napoleonische Fremdherrschaft 53

Fritz Reuter als Staatsgefangener in der Festung Dömitz 55

Die Erneuerung und Armierung der Festung von 1851 bis 1865 61

Die zivile Nutzung der Festung nach 1894 69

Die Festung – ein Ort für Kultur, Kunst und Unterhaltung 84

Denkmalschutz und Denkmalpflege an der Festung 97

Apfelbäume, Nachtigallen und Fledermäuse –
das besondere Biotop des Festungsgebietes 120

Die Festung in der bildenden Kunst –
Betrachtungen zur Gemälde- und Bildersammlung im Museum auf der Festung 127

Quellen- und Literaturnachweis 136

Ein „festes Haus" an der Elbe
Dömitz in der Grafschaft Dannenberg

Die ersten schriftlichen Quellen zur Geschichte des Ortes Dömitz fallen in die Zeit des 12. und 13. Jahrhunderts. Die Nennung erfolgt in Urkunden zu wirtschaftlichen, politischen oder religiösen Ereignissen in der Grafschaft Dannenberg. Die Grafschaft Dannenberg, ein Lehen Heinrich des Löwen an den Grafen Volrad I., erstreckte sich um 1153 westlich der Elbe im Gebiet zwischen den Orten Gartow, Lüchow und Hitzacker. Durch die Politik und die kriegerischen Leistungen des Grafen Heinrich I. von Dannenberg, Sohn des Grafen Volrat I., wurden um 1190 die noch wendischen Gebiete um Jabel und Wehningen, das „Terra Jabele", im Bereich zwischen den Flüssen Elde und Sude am östlichen Elbufer der Grafschaft Dannenberg als Lehen des Bischofs von Ratzeburg angegliedert. Die Erfolge Heinrich des Löwen im Kampf um die politische und wirtschaftliche Macht in den slawischen Gebieten nordöstlich der Elbe, noch mehr aber die christliche Missionsarbeit mit der Gründung von Kirchen und Bistümern, schufen die Voraussetzungen für eine deutsche Besiedlung. Mit dem vom Kaiser gebilligten königlichen Recht konnte Heinrich der Löwe die von ihm errichteten Bistümer mit Landbesitz ausstatten und damit Siedlungsflächen für die aus Sachsen und Westfalen stammenden Einwanderer schaffen. Die Grafschaft Dannenberg mit ihren beiderseits der Elbe gelegenen Landesteilen bot politisch und wirtschaftlich günstige Voraussetzungen für die Besiedlung der ostelbischen Gebiete. Viele vormals slawische oder wen-

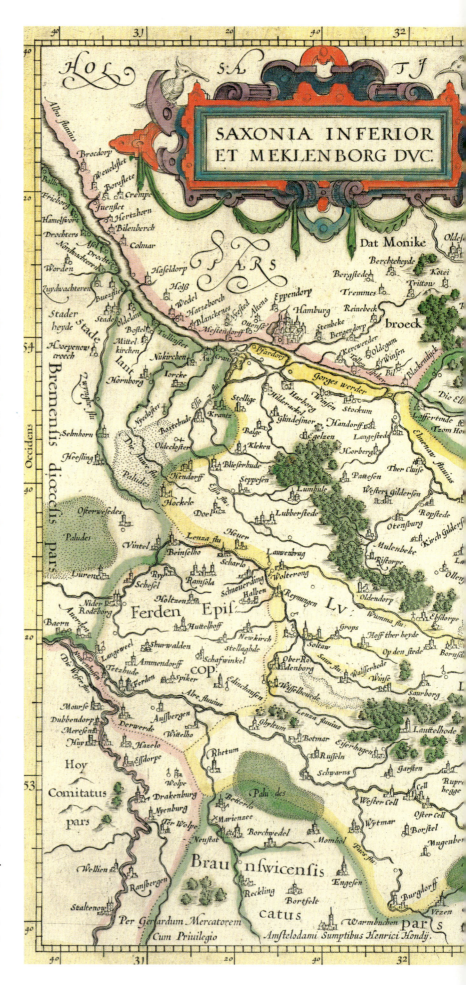

Kolorierte Landkarte der Herzogtümer Lauenburg, Mecklenburg und Lüneburg. Kupferstich aus dem Atlas von G. Mercator um 1650 mit der Darstellung der Grafschaftsgrenzen nach 1190.

dische Siedlungen sind von den deutschen Bauern, Handwerkern, Kaufleuten und Adligen übernommen und dann zu deutschen Siedlungen oder Städten ausgebaut worden. Ortsnamen mit den Endungen -ow, -itz oder -in deuten auf ursprünglich slawische Siedlungen hin. Um die besetzten und wirtschaftlich erschlossenen Landesteile aber dauerhaft zu sichern, wurde die Missionierungsarbeit, die Christianisierung der slawischen Bevölkerung, weiter vorangetrieben. Die Gründung des Zisterzienserklosters in Eldena 1229 ist hierfür ein Beispiel in der Grafschaft Dannenberg. Als Nonnenkloster war es auch für die Aufnahme unverheirateter Adelstöchter in der Grafschaft Dannenberg gedacht und eingerichtet. Der Ort Dömitz wird ebenfalls in der Mitte des 13. Jahrhunderts schon ein wichtiger Ausgangspunkt für die weitere Besiedlung ostelbischer Gebiete gewesen sein. Die Größe und Ausdehnung der Ortschaft ist aber bis heute nicht genau zu beschreiben. Wenn auch in Dömitz bei der Anlage des Ortes eine vorhergehende slawische Siedlung genutzt wurde, der Ortsname deutet darauf hin, dann wird es eine kreisförmige, befestigte Wehranlage mit angegliederten Wirtschaftshöfen gewesen sein. Die Eintragung der Ortschaft Dömitz im Ratzeburger Zehntregister um 1230 ist eine Erwähnung ohne nähere Angaben zur Anzahl der Bewohner oder zur Größe und Bedeutung des Ortes. Die Nennung des Ortes Dömitz im Zusammenhang mit den Städten Dannenberg und Lenzen in einer Urkunde vom 21. Juni 1237, es werden darin die Lübecker von Zollabgaben zu Dannenberg, Lenzen und Dömitz befreit, zeigt eine wichtige wirtschaftliche Bedeutung der Ortschaft, besagt aber nicht, daß auch Dömitz schon den Status einer Stadt besessen hat.

Der erste urkundliche Nachweis, in dem Dömitz als Stadt „ciuitate Domeliz" genannt ist, erfolgt in einer Urkunde vom 10. August 1259, in welcher der Graf Adolf von Dannenberg dem Kloster Eldena jährlich eine Zuwendung von zwei Wispeln Malz (ca. 1250 l) aus der Mühle zu Dömitz verleiht.

Kartenausschnitt mit der Darstellung der Grafschaft Dannenberg beiderseits der Elbe. Entsprechend der kartographischen Zeichentechnik des 17. Jahrhunderts wurden größere Ortschaften symbolhaft mit Gebäuden und Türmen dargestellt, die aber keinen Bezug zur Wirklichkeit haben.

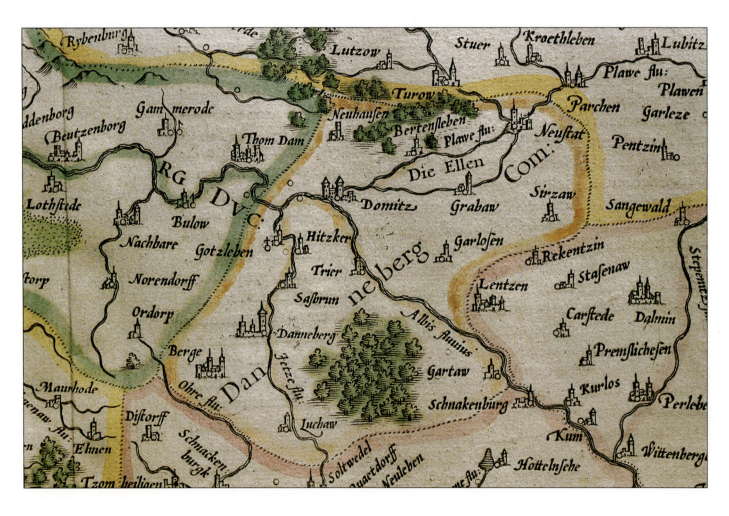

In der Urkunde vom 10. August 1259 erfolgt die erste schriftliche Erwähnung der Stadt Dömitz. Im Inhalt der Urkunde wird dem Kloster Eldena eine jährliche Zuwendung von zwei Wispeln Malz aus der Dömitzer Mühle durch den Grafen Adolf von Dannenberg zugesagt. An der Urkunde befindet sich, wahrscheinlich durch eine nachträgliche Neubesiegelung, ein Siegel des Grafen Friedrich von Dannenberg.

Übersetzung der Urkunde 845, Meckl. Urkundenbuch, II. Band, S. 137

Im Namen der heiligen und unteilbaren Dreieinigkeit. Amen. Wir, Adolf von Gottes Gnaden Graf von Dannenberg, wünschen allen, die dieses Schriftstück sehen (werden) und (seinen Wortlaut) hören werden, den Segen (im Namen) des Heilandes aller Menschen. Das Altertum hat klugerweise festgelegt, denkwürdige Tatsachen schriftlich niederzulegen, damit das, was nach Recht und Vernunft beschlossen worden ist, nicht im Laufe der Zeit entweder durch Vergeßlichkeit oder durch Leichtfertigkeit irgendwelcher Menschen wieder in Zweifel gerät. Also wollen wir den gegenwärtig Lebenden wie auch den zukünftigen Generationen zur Kenntnis geben, daß wir mit gnädigem Willen dem Damenkonvent (Nonnenkloster) in Eldena zwei Wispel Malz von der Mühle in der Stadt Dömitz verliehen haben zum liebevollen Gedächtnis unserer seligen Gattin Methildis. (Das Kloster erhält diese Zuwendung) mit aller Freiheit, allem Eigentumsrecht und Nutzungsrecht, wie es zur Zeit besteht oder auch in Zukunft auftreten (sich entwickeln) kann, mit der gleichen Freiheit und dem gleichen ständigen Nutzungsrecht, so wie es bisher in unserem Besitz war. Zur Bekräftigung dieses Beschlusses und zur Sicherung seiner dauernden Gültigkeit besiegeln wir diese Urkunde mit (dem Schutz) unseres Siegels, damit kein Mensch, auch nicht unsere Erben und deren Nachkommen, sich anmaßen, diese Schenkung aufzuheben, die wir zum Nutzen der Damen (Nonnen) festgelegt haben. Zeugen dieser Amtshandlung sind: der edle Graf Bernhard, unser Bruder; unser Priester (Kaplan) Hoger(us); Heinrich und Hermann Dargezlawe; Heithenricus genannt Stoz, Martinus; Johannes genannt Paschedach; die Soldaten Hermann Sciker (Schicker?) und Johannes Slegel (Schlegel?), weitere ebenfalls vertrauenswürdige Männer.

Gegeben (beschlossen) in Grabow am Tage des Heiligen Laurentius, des Märtyrers, im Jahre des Herrn 1259. (übersetzt von H. Harras)

Einzeldarstellung von Palas und Bleiturm der Burg Dömitz. Beide Gebäude werden durch einen ca. zehn Meter langen Mauerabschnitt der alten Ringmauer der Burg verbunden. Zeichnung von A. F. Lorenz.

Die Mühle und eine Zollstätte zeigen schon wirtschaftliche Bedeutung des Ortes, aber zum Schutz der Siedlung und später der städtischen Anlagen und Privilegien war die Burg Dömitz, das sogenannte „feste Haus", das stärkste und wichtigste Bauwerk des Ortes. Die Form und Größe der Burganlage läßt sich heute nur annähernd aus wenigen Quellen rekonstruieren. Archäologische Grabungen im Bereich der heutigen Festung und auch im Bereich nahe der Festung liegender Stadtbereiche sind noch nicht erfolgt. Die Auswertung urkundlicher Quellen, ein Aufmaß noch vorhandener Gebäudesubstanz des 13. Jahrhunderts innerhalb der Festung und das Vergleichen mit dem Burgenbau und der Wehrarchitektur des 13. und 14. Jahrhunderts ermöglichen aber eine annähernde Lagebestimmung und Beschreibung des „festen Hauses" Dömitz.

Den natürlichen Schutz der Elbe ausnutzend, aber auf einer hochwasserfreien Insel am Hauptstrom der Elbe ist die Burganlage in der ersten Hälfte des 13. Jahrhunderts errichtet worden. Bauherren sind die Grafen von Dannenberg, von denen sich namentlich die Grafen Bernhard I., Adolf II. und Nikolaus auch als Grafen von Dömitz „comes de domeles" bezeichneten. Ein genaues Baudatum der Burg ist aber nicht überliefert. Ringförmig und im Durchmesser ca. 80 Meter entsprach sie in der Größe den mittelalterlichen Wallburgen. Als Baumaterial für die Burggebäude und die Ringmauer dienten Felssteine in den Fundamenten und in den unteren Stockwerksbereichen. Aus dem Flußbett und dem Überschwemmungsgebiet der Elbe konnte dieses Baumaterial mit geringem Aufwand gewonnen werden. Ton und Lehm als Ausgangsmaterial für die Herstellung von Ziegelsteinen ist ebenfalls in dem Gebiet der Elbniederung zahlreich vorhanden, so daß als Hauptbaumaterial für die oberirdischen Gebäudeteile der Ziegelstein das zweckmäßigste war. Das aufsteigende Mauerwerk ist in handgeformten Ziegelsteinen in den Maßen 29 x 14 x 9 cm errichtet worden. An neuzeitlichen Wanddurchbrüchen ist gut erkennbar, daß in den oberen Mauerwerksbereichen nur die äußeren und die

Rekonstruktionszeichnung der alten Burganlage Dömitz von dem Regierungsbaurat A. F. Lorenz.

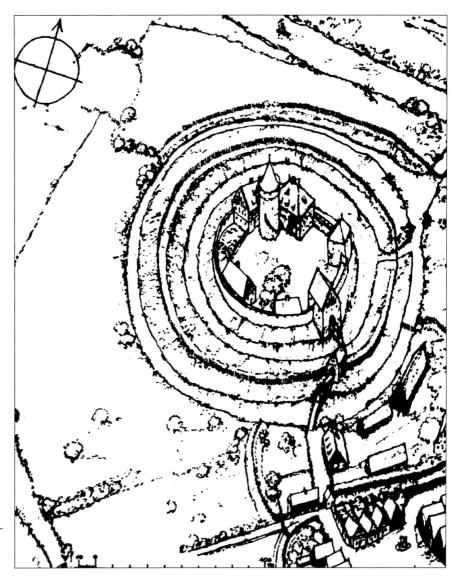

Modell des „festen Hauses Dömitz", angefertigt zur 750-Jahr-Feier der Stadt nach den Rekonstruktionszeichnungen von A. F. Lorenz durch den Modellbauer K. Baier, Rostock.

inneren Steinschichten in einem regelmäßigen Mauerwerksverband gefertigt wurden. Der Zwischenraum ist gefüllt mit Kalkmörtel, Felssteinen und Ziegelschutt. Diese Bauform mit dem Zweischalenmauerwerk ermöglichte auch noch die Verwendung von Steinmaterial, das beim Brennen, Trocknen oder Transportieren zerbrochen war.

Im Inneren der Ringmauer befanden sich mehrere größere Gebäude, von denen drei heute in der Lage und den Ausmaßen leicht erkennbar sind. Das im Grundriß erkennbar größte Ausmaß besaß das Gebäude des Wohnpalas. Die Länge der Außenwände beträgt ca. 15 Meter. Die Stärke der Mauern liegt zwischen 2,50 m an der Südwestseite und 3,60 m an der nördlichen Außenwand. Vier etwa gleichgroße Kreuzgratgewölbe, gestützt durch einen starken Pfeiler in der Raummitte und die Außenwände, tragen die etwa ein Meter starke Gewölbedecke des fast quadratischen Innenraumes im Erdgeschoß. Der Zugang zu dem Wohnturm erfolgte direkt vom Burghof aus durch einen Eingang in der südwestlichen Gebäudewand. Im ersten Obergeschoß sind die mächtigen Außenwände ebenfalls noch vorhanden, aber eine Balkendecke bildet hier schon den oberen Raumabschluß. Welche Art der Dachkonstruktion sich auf dem Palas befand, ist nicht überliefert. Ein ebenfalls im Grundriß rechteckig angelegtes Gebäude war der sogenannte Bleiturm. Wie der Palas war auch er mit der nördlichen Gebäudewand in die Ringmauer der Burganlage mit einbezogen. Ob er auch als Wohnturm oder für die Verteidigung der Anlage errichtet wurde, ist aus den bekannten Quellen nicht ersichtlich. Die Einteilung und Lage der Räume im Turm, es sind große in Längsrichtung verlaufende Tonnengewölbe mit Wandnischen im Mauerwerk, deutet aber auf die Nutzung als Wirtschafts- und Vorratsgebäude hin. Den Palas und den Bleiturm verbindet heute noch ein erhalten gebliebener Teil der ehemaligen Ringmauer der Burganlage.

Ein drittes Turmgebäude befand sich südwestlich in unmittelbarer Nähe des Wohnpalas. Dieser Turm war ein runder Burgturm mit einem Außendurchmesser von 13 Metern. Die Aufgabe und Bedeutung dieses Turmes ist ebenfalls nicht überliefert. Durchmesser und Wandstärke des Mauerwerkes im Fundamentbereich lassen aber vermuten, daß es ein hoher und starker Wehrturm gewesen sein kann. Zur Größe und Bebauung einer Vorburg sowie der Anlage des Stadtgebietes kann man das Gebiet zwischen dem heutigen Rathausplatz, dem Kirchplatz und der Straße An der Bleiche rechnen. Ein Zugang zur Stadt und zur Burg wird aus nordöstlicher Richtung, etwa im Bereich der heutigen Torbrücke, vorhanden gewesen sein. Beim Straßenbau gefundene hölzerne Wegbefestigungen in diesen Stadtbereichen deuten auf die frühe Straßenführung und Bebauung hin.

Bis zum Beginn des 14. Jahrhunderts waren die Stadt und Burg Dömitz der Hauptsitz in dem ostelbischen Gebiet der Grafschaft Dannenberg. Verschiedene Urkunden aus der zweiten Hälfte des 13. Jahrhunderts bezeugen, daß auch die Burg und die Stadt Dömitz immer wieder Schauplätze für weitreichende und bedeutende politische Ereignisse waren. So wird zum Beispiel in einer Urkunde vom 6. Juli 1297 der Herzog Albrecht von Sachsen unter den Dömitzer Bürgern mit aufgeführt. In dem gleichen Urkundentext melden der Rat und die Bürgerschaft der Stadt Dömitz, daß einige ihrer Mitbürger sich mit dem Lübecker Bürger Rudolf Boddin verglichen haben.

Freigelegtes Fundament des runden Burgturmes südwestlich des Wohnpalas im heutigen Festungshof. Die Ausgrabungsarbeiten erfolgten zur Bestandsdokumentation und für den Vergleich mit den Rekonstruktionszeichnungen von A. F. Lorenz.

An dieser Urkunde des Jahres 1297 befindet sich das älteste vollständig überlieferte Siegel der Stadt Dömitz mit der Darstellung des Burgtores und der Umschrift „Civitatis de Domaliz".

Das erste vollständig erhaltene Siegel der Stadt Dömitz stammt aus dem Jahr 1297. Es enthält die Umschrift S' CIVITATIS DE DOMALIZ

Mit Beginn des 14. Jahrhunderts verlor die Grafschaft Dannenberg an Bedeutung. 1303 überließ der Graf Nikolaus von Dannenberg seine Rechte zwischen Elbe und Jeetzel dem Herzog Otto dem Strengen von Braunschweig-Lüneburg. Nachdem 1306 dann die Dannenberger Grafen in dem ostelbischen Grafschaftsteil verstorben waren, fielen diese Gebiete zurück an die Grafen von Sachsen-Wittenberg.

Das Gebiet um Dömitz wechselte in den darauffolgenden Jahrzehnten häufig den Besitzer. Als Pfandbesitz wechselte es zwischen Sachsen-Wittenberg, Brandenburg, Sachsen-Lauenburg und Mecklenburg. In den Jahrzehnten der häufigen Herrschaftsveränderungen entstanden in vielen Gebieten entlang der wichtigen Handelswege zwischen den Städten Hamburg und Magdeburg oder Lüneburg, Lübeck und Wismar in verlassenen Adelssitzen und Burganlagen Orte, wo Raubritter eine Ansiedlung und Unterkunft fanden. Auch die Burg in Dömitz wurde als Raubritterort erwähnt, und die Stadt Lübeck ließ zum Schutz der Handelswege an der Elbe 1353 die Burg Dömitz erobern und besetzen. Die Lübecker Söldner zerstörten bei der Eroberung einen Turm in der Burganlage. Bei diesem Turm könnte es sich um den großen Wehrturm gehandelt haben, von dem sich noch Fundamente im heutigen Festungshof befinden. Am 30. Mai 1372 erhielt der mecklenburgische Herzog Albrecht von den Herzögen von Sachsen-Wittenberg die Stadt und die Burg Dömitz für seine geleistete Kriegshilfe als Eigentum. Seit 1372 gehört Dömitz, mit Ausnahme der Jahre 1420 bis 1423, zum Land Mecklenburg, und die Elbe wurde für Mecklenburg zu einem Grenzfluß.

Der Ortsname Dömitz läßt sich durch seine Schreibweise als slawischer Ortsname erkennen. Das Wort „dom", im slawischen für Haus, ist in allen Formen des Ortsnamens durch die Jahrhunderte erhalten geblieben und läßt sich als Bezug auf „das feste Haus", die alte Burganlage, auch logisch erklären. Die Endung „litzi" kennzeichnete im slawischen oft das Dazugehören zu einer Siedlung oder einer Familie und kann in diesem Sinn auf die Anwohner oder die zur Burg gehörenden Leute bezogen werden.

Der Name für den Ort Dömitz änderte sich seit dem 13. Jahrhundert noch sehr häufig. In den Urkunden des Mecklenburgischen Urkundenbuches befindet sich der Ortsname Dömitz allein in den Jahren zwischen 1230 und 1341 in 17 unterschiedlichen Schreibweisen.

1230 Dumelitz	1330 Domenitz
1237 Domelitz	1334 Dömnitz
1308 Domenitz	1335 Domelitze
1319 Domeliz	1336 Dömienitz
1323 Domaliz	1337 Domentz
1326 Domaliz	1339 Domnitze
1327 Dominitze	1340 Domenis
1328 Domaliz	1341 Domenitze
1328 Dömitze	

Der Bauherr der Festung Dömitz, Johann Albrecht (1525–1576), und dessen Frau Anna Sophia (1538–1591), dargestellt in einem Druck der Tiedemannschen Hof-Steindruckerei zu Rostock.

Der Bau der Festung

Getragen von dem Weltbild der Renaissance und gefördert durch das Fortschreiten der Reformation in der Zeit des 16. Jahrhunderts vollzogen sich in der Regierungszeit der mecklenburgischen Herzöge Ulrich (1527-1603) und Johann Albrecht I. (1525–1576) bedeutende Veränderungen in Mecklenburg. Nach der Landesteilung Mecklenburgs 1555 war es der Herzog Johann Albrecht I., der in dem Schweriner Teil des Herzogtums als ein Förderer der Kunst und Wissenschaft, aber auch der Wirtschaft und der militärischen Stärke des Landes auftrat. Die Gründung von Schulen, das Berufen von bedeutenden Professoren an die Landesuniversität in Rostock und das umfangreiche Kanalbauprojekt des Elbe-Ostsee-Kanals von Dömitz nach Wismar mit für die Zeit sehr modernen wasserbautechnischen Anlagen können hierfür Beispiele sein. Ein Ausdruck für die vom Herzog Johann Albrecht I. gewollte Sicherung und militärische Stärkung des Landes ist der Ausbau der Stadtbefestigungen von Wismar, Rostock und Schwerin sowie der Bau der Festung Dömitz.

Die mittelalterlichen Wehranlagen in vielen mecklenburgischen Orten waren zur Aufnahme größerer militärischer Verbände mit den dazugehörenden Bewaffnungen und Verpflegungseinrichtungen nicht mehr geeignet. Die veränderten Strategien in der Angriffs- und Verteidigungstaktik, vor allem aber die Weiterentwicklung der Waffentechnik machten die alten Burganlagen für das Militär untauglich, so daß neue, moderne Wehranlagen entwickelt und gebaut werden mußten. Zur Darstellung von Macht und Ideologie sowie zur Erfüllung der Wohn- und Lebensansprüche des Adels und des Bürgertums entstanden aber auch in Mecklenburg im 16. Jahrhundert Schloßbauten, Bürgerhäuser und Repräsentationsgebäude, die geprägt wurden durch neue Raumgliederungen, neue

Schmuckblatt und Titelseite für das Handbuch zur Festungsbaukunst vom Math. Prof. Chr. Nottnageln von 1659.

Architekturelemente und die Ornamentik der Renaissance. Mit dieser Entwicklung vollzog sich im Bauwesen und in der Architektur eine Trennung in die Bereiche der Architektura Civilis und die Architektura Militaris. Die treibenste Kraft bei der Entwicklung in der Wehrarchitektur, dem Fortifikationsbauwesen, war die Weiterentwicklung der Waffentechnik. Jede Verbesserung der Reichweite, Zielgenauigkeit und der Durchschlagskraft von Geschossen der Infanterie und Artillerie zog eine Veränderung bei der Anlage und der Konstruktion von Wehrbauten nach sich.

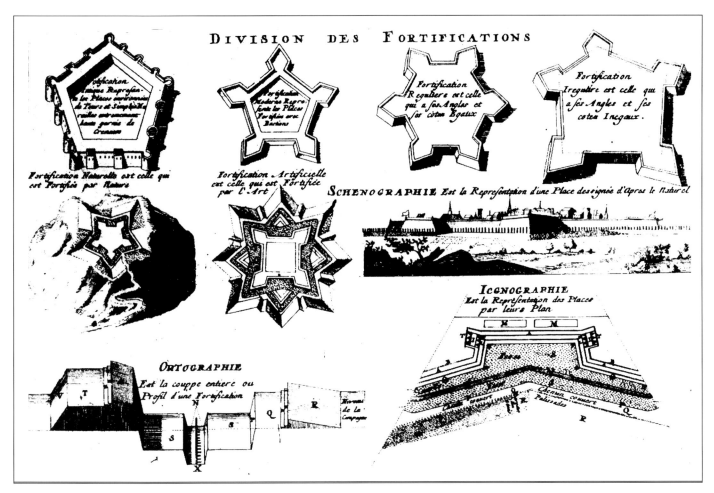

Kupferstich von Nicolas de Fer zur Einteilung der Befestigungsformen. In dem Stich werden dargestellt: antike Befestigungen, Bastionärfestungen, Regularfestungen, Irregularfestungen, natürliche Lage und künstliches Festungsumfeld, Szenographie, Ichnographie und Profildarstellungen.

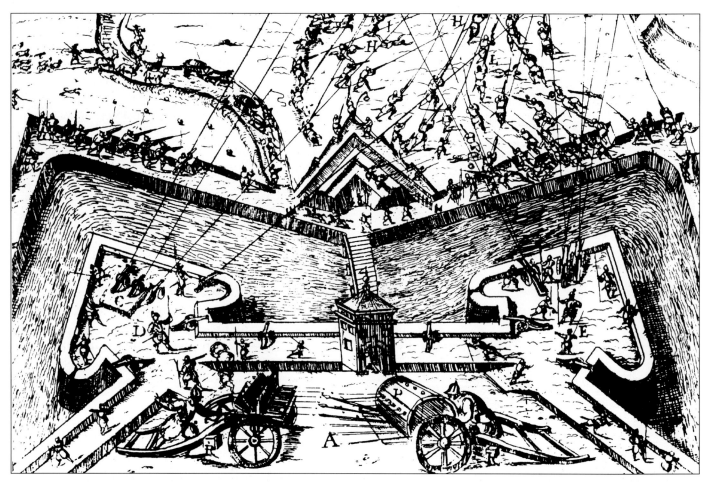

Kupferstich von Francesco Tenzini, 1624. In bildlicher Darstellung wird die Verteidigung einer Bastionärfestung mit ihren Feuerlinien gezeigt. Von den Bastionen aus und von dem auf dem Festungswall liegenden gedeckten Weg, dem Kontereskarpe, erfolgt der Kampf gegen den noch vor der Festung stehenden Feind.

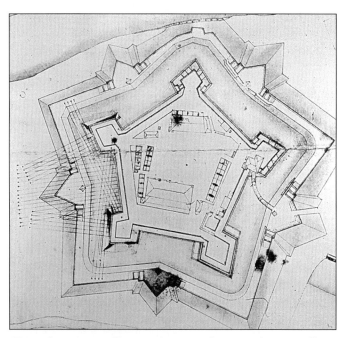

Feuerlinien zur Festungsverteidigung, dargestellt in einem Fünftel des Bastionärsystems der Dömitzer Festung, Kartenausschnitt aus einem Stadt- und Festungsplan des 17. Jahrhunderts.

Einen besonderen Schwerpunkt in der Militärtechnik bildete dabei die Artillerie. Die Mauern neuer Wehrbauten sollten beschußsicher errichtet werden und dem Verteidiger einen größeren Schutz ermöglichen. Während bei alten Burganlagen oftmals große Bereiche entlang der Burgmauern oder der Türme nicht einzusehen und mit den Verteidigungswaffen nicht zu erreichen waren, so wollte man bei der Planung und Konstruktion neuer Festungsbauwerke eine flächendeckende Beobachtung und Verteidigung des Festungsvorgeländes erreichen. Ein Ergebnis dieser Bemühungen und ein deutlich sichtbares Zeichen sind hierfür die beim Festungsbau charakteristischen Bastions- und Kasemattenanlagen. Waren es anfangs runde Bastionen, sogenannte Rondelle, so wurden daraus im 16. Jahrhundert Bastionen in Form von unregelmäßigen Fünfecken. An Stadtbefestigungen entstanden häufig in ungleichmäßiger Reihenfolge Bastionsanlagen und die sie verbindenden Mauern, die Kurtinen, als Ersatz für die unzureichenden und veralteten Stadtmauern. Wichtige strategische Plätze oder Orte mit

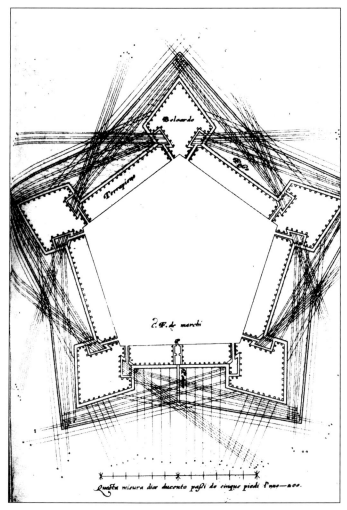

Feuerleitplan einer pentagonalen Festungsanlage von Francesco de Marchi (1504–1577) gezeichnet in: Della Architektura, Brescia, 1599.

großer landespolitischer Bedeutung waren aber auch Standorte für Festungsanlagen, die mit optimalsten Verteidigungsbedingungen als reguläre Festungen in der Grundform von gleichmäßigen Vier-, Fünf- oder Sechsecken und den entsprechend dazugehörenden Bastionsanlagen gebaut wurden.

Die oftmals für die Zeit des 16. Jahrhunderts riesigen Festungsbauvorhaben benötigten nicht nur eine aufwendige und sehr genaue Vorplanung, sondern verlangten auch in der Bauorganisation, im Transportwesen und in der Bautechnik eine völlig neue Herangehensweise. Traditionelle Handwerkstechniken und die Arbeitsorganisation in den Zünften und Gilden der Bauleute mußten oft verändert werden, um den Anforderungen der Bauherrn gerecht zu werden. Die Verbreitung von Erfahrungen und Fachwissen für die Fortifikationsbauten erfolgte nur sehr langsam. Eine Verbindung zwischen dem Bauherren, meist dem Landesfürsten, und den Festungsbaumeistern vollzog sich oft erst nach Empfehlungen oder Hinweisen von wieder anderen Personen. Handschriftliche Aufzeichnungen der Baumeister zu den Arbeitstechniken und dem verwendeten Material waren wegen ihres großen Wertes für militärische Handlungen gegen die Festungsanlagen sehr geheim. Während es in der „civilen" Architektur der Renaissance viele Vorbilder aus der Baukunst der Antike gab, so stellte das Festungsbauwesen die Baumeister vor völlig neue Aufgaben. Den Italienern wird als erstes die Konstruktion und auch der Bau von Festungsanlagen mit Bastionssystemen zugeschrieben. Die italienischen Festungsbaumeister verbreiteten im 15. und 16. Jahrhundert im Dienste nordeuropäischer Landesfürsten ihr Wissen in den Niederlanden, in Deutschland und anderen europäischen Ländern. Auch in Dömitz waren es italienische Bauleute, die im Auftrag des mecklenburgischen Herzogs Johann Albrecht I. von 1559 bis 1565 auf der Ruine der alten Burg Dömitz eine neue, weitaus größere Festung errichteten.

Schon seit 1557 war der italienische Festungsbaumeister Paul im Dienst des Herzogs Johann Albrecht I. und leitete Bauarbeiten an der Festung Schwerin, dem späteren Schloß, und für die Festung in Dömitz. Ihm zur Seite standen sein Sohn und der Maurermeister Hans Rogatis mit seinem Sohn Jacob, gleichfalls Italiener. 1557 betrugen die Kosten für die Befestigungsarbeiten schon ca. 3280 Thaler. Im November 1557 fuhr der Baumeister Paul in seine Heimat zurück, nachdem er vom Herzog den Auftrag bekommen hatte, im darauffolgenden Jahr mit italienischen Zieglern und Handwerkern zurückzukehren. Im Februar 1558 war der Baumeister mit italienischen Arbeitern wieder in Mecklenburg an den Festungsbauplätzen. Die Bauleute wurden monatlich bezahlt. Bis zum 16. September 1558 beliefen sich die für den Festungsbau aufgewendeten Gelder auf 5702 Thaler. Die großen finanziellen Forderungen des Baumeisters Paul, die teilweise in den Ausgabebüchern des Herzogs überliefert sind, so zum Beispiel vom 2. Mai 1558: „437 Thaler extra ordinario" oder vom 3. August 1558: „1000 Thaler dem welschen Baumeister gesand auf das Verdingen zu Dömitz", veranlaßten den Herzog, den Baumeister Paul wieder aus seinen Diensten zu entlassen.

Für die Weiterführung des Festungsbaus wurde ab Oktober 1558 der ebenfalls aus Italien stammende Festungsbaumeister Francesco a Bornau in den Dienst des Herzogs genommen. Er leitete den Festungsbau bis zur Fertigstellung im Jahr 1565.

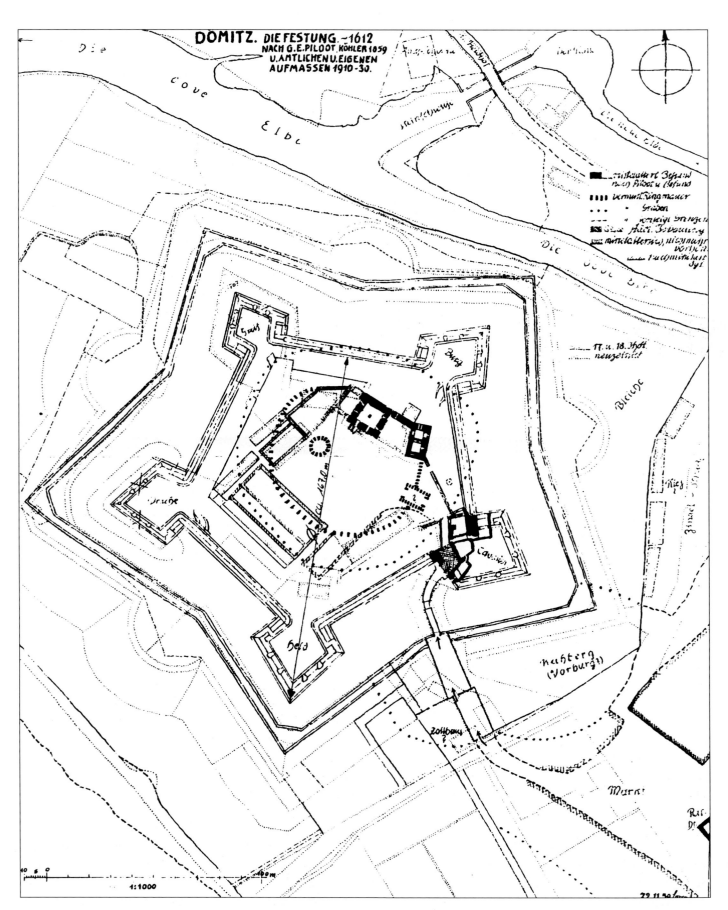

Darstellung der alten Burg Dömitz, eingezeichnet in einen Grundrißplan der Festung von G. E. Piloot, 1612. Das Größenverhältnis zwischen Burg und Festung macht deutlich, daß beim Bau der Festungsanlage die Wälle der alten Burg geschleift werden mußten. Zeichnung von A. F. Lorenz.

Der Maurermeister Hans Rogatis blieb auch nach dem Wechsel der Baumeister beim Festungsbau in Dömitz. Für die Monate Januar und Februar des Jahres 1558 erhielt er einen Lohn von 258 Thalern. Der Festungsbaumeister Francesco a Bornau stammte aus Brescia, einer Stadt in Norditalien. Vor 1556 war er in den Diensten des Herzogs Albrecht von Preußen, dem Schwiegervater des Herzogs Johann Albrecht I. von Mecklenburg. 1557 war Bornau aber wieder in Italien im Dienst des Herzogs von Ferrara. Dieser empfahl dann 1558 dem mecklenburgischen Herzog, den Baumeister Bornau für seine Bauvorhaben in Schwerin und Dömitz einzustellen.

Die Gründe für den aufwendigen und nach damaligen modernsten Erkenntnissen in der Fortifikation durchgeführten Festungsbau in Dömitz lagen vor allem in der Sicherung der mecklenburgischen Landesgrenze sowie der Sicherung der Elbübergangsstelle, einer Furt im Elbstrom unweit der Stadt. Die Kontrolle der Elbzolleinnahmen und der Schutz der Zollhebestelle für das Land Mecklenburg waren ebenfalls wichtige Gründe für den Festungsbau in Dömitz. Die noch vorhandenen Gebäude und Mauerreste der alten Burg und deren günstige Lage auf der Insel in der Elbniederung, die trotz der Wassernähe hochwasserfrei war, boten günstige bautechnische Voraussetzungen und gleichzeitig einen natürlichen Schutz für die neue Festungsanlage.

Das Abpfählen einer pentagonalen Festungsanlage, dargestellt in einer niederländischen Publikation zum Festungsbau von Jacob van Meurs, Amsterdam, 1672.

Die wesentlich größere Grundfläche der Festungsanlage verlangte vor Baubeginn eine Angleichung und Vorbereitung des Geländes und des Baugrundes für die massiven und schweren Gebäude und Festungsmauern. Bei diesen Erdarbeiten wurden die Anlagen und die Befestigungen des Wirtschaftshofes und der Vorburg der alten Burganlage beseitigt und überbaut. Auch mußten die Wassergräben, die die alte Burganlage umgaben, zugeschüttet werden.

Das Festlegen und Kennzeichnen der Fundamentstreifen für die neuen Festungsmauern konnte erst nach dem genauen Abstecken des Festungsgrundrisses auf dem Bauplatz erfolgen. Ein solches Kennzeichen der Bauwerkslinien ist als „Abpfählen" bezeichnet worden und wurde mit Hilfe von Fluchtstangen, Holzpflöcken und langen Schnüren durchgeführt. Von der Mitte ausgehend, wurde entsprechend der Konstruktionszeichnung der Festungsgrundriß vom Plan in vielfach vergrößerter Form in die Natur übertragen. Für das genaue Abpfählen eines Festungsgrundrisses war das strenge Beachten von geometrischen Konstruktionsregeln wichtig. Für die Errichtung und dauerhafte Standsicherheit der neuen Festungsmauern waren aufwendige und materialintensive Fundamentkonstruktionen notwendig. Analog zu vergleichbaren Festungsbauten des 16. Jahrhunderts mußte auch hier in Dömitz eine Pfahlrostgründung, bestehend aus starken Eichen- und Buchenholzpfählen, bis in die tragfähigen Erdbodenschichten gerammt werden. Auf die Pfahlköpfe kam eine Schwellenbalkenkonstruktion aus Längs- und Querbalken, die, mit Holznieten oder Holznägeln verbunden, ein großes festes Gefach oder Holzgitter ergab. Nach dem Auffüllen der Gefache mit grobem Steinmaterial konnten darauf die Ziegelsteinschichten und auch die Natursteinverbände der Gebäude oder der Festungsmauern errichtet werden. Die für den Dömitzer Festungsbau notwendigen Bau-

Holzschnitt mit der Darstellung eines Zieglers aus dem Ständebuch von Hans Sachs und Jost Amman, 1568.

Darstellung der Arbeit der Steinmetze ebenfalls aus dem Ständebuch 1568.

materialien wurden größtenteils aus näherer Umgebung gewonnen. Felssteine und Raseneisenstein sind als natürliche Baumaterialien vielfach auf den Wiesen und in den Flußläufen geborgen und zum Festungsbauplatz transportiert worden. Die umfangreichen Lehm- und Tonvorkommen im Gebiet der Elbniederung ermöglichten eine Herstellung der Ziegelsteine

> Die beste Mischung zu guten Ziegeln ist: auf 4 Wuerfelfuß fetten Thon, 1 Wuerfelfuß feinen Sand, der von Kieseln und Kalktheilchen rein ist. Ein Ziegelstreicher kann taeglich 1000 bis 1200 Mauersteine verfertigen, und muß darauf gesehen werden: daß waehrend des Ziegelstreichens keine Nachtfroeste einfallen, weil diese der guten Beschaffenheit der Ziegel sehr nachtheilig sind. Man rechnet auf 1000 Mauerziegel hoechstens 1¼ Klafter kiehnen Klobenholzes zu 6 Fuß breit und hoch, und 3 Fuß lang, oder 2000 bis 3000 Stücken Torf...
>
> J. G. von Hoyer

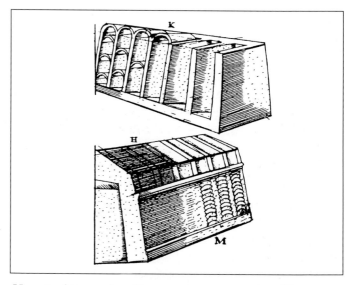

Konstruktion der Festungsmauern, der Kurtinen, nach Daniel Specklin, 1589. An den Innenseiten der oft mehr als achtzig Meter langen Festungsmauern zwischen den Bastionen waren Stützmauern und Gewölbebögen zur Stabilisierung und zur Ableitung der Druckkräfte des angeschütteten Erdreiches notwendig.

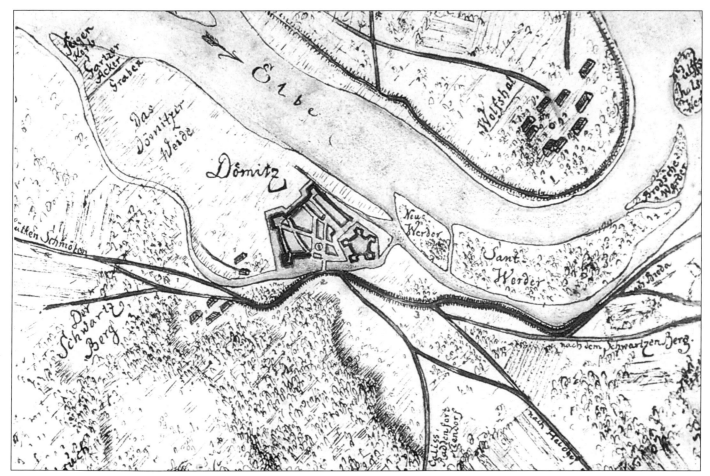

Karte mit der Stadt und Umgebung von Dömitz im Jahr 1565. Ausschnitt aus einer Karte von Tilemann Stella. Diese Karte zeigt die früheste Darstellung der Stadt und Festung Dömitz.

für den Festungsbau vor Ort. Die Ziegler, so die Bezeichnung für die zur Ziegelsteinherstellung spezialisierten Handwerker, formten die Steine aus einem weichen Sand-Ton-Gemisch mit Hilfe eines Holzrahmens. Ein Ziegler konnte täglich ca. 1000 Steine formen. Die rohen Ziegel wurden nach dem Trocknen zu großen Stapeln aufgeschichtet, abgedeckt und dann mit einem zwischen den Steinen entzündeten Holzfeuer gebrannt.

Seit 1558 waren die „welschen Maurer und Ziegler" beim Festungsbau in Dömitz beschäftigt. Sie arbeiteten in den Sommer- und Wintermonaten an den Festungsanlagen und reisten nicht, wie es sonst üblich war, in der kalten Jahreszeit in ihre italienische Heimat zurück. Aus den Aufzeichnungen zum Festungsbau ist ersichtlich, daß die Ziegler für ihre Arbeiten in Dömitz 215 bis 290 Thaler monatlich verdienten. Der Lohn eines einzelnen Arbeiters und die Anzahl der beschäftigten Leute ist aber nicht angegeben. Am 26. April 1558 erhielten die welschen Arbeiter in Dömitz für 116 Thaler Hafer und Vitalia. Ein besonderes und nicht einheimisches Baumaterial beim Festungsbau war der Sandstein. Die Sandsteinmaterialien wurden im sächsischen Elbsandsteingebirge gebrochen und in Lastkähnen die Elbe abwärts nach Dömitz gebracht. Sandsteinblöcke befinden sich vor allem an den Mauerecken der Bastionen und als abschließendes Gesims auf den Bastionsmauern. Die reichverzierten Festungstore und einige Schmuckelemente in der Fassade des Kommandantenhauses der Festung wurden ebenfalls aus Sandstein gearbeitet. Ähnlich wie bei den Zieglern ist die Anzahl der Steinmetze, die beim Festungsbau beschäftigt waren, nicht überliefert.

Die Festungsanlage in Dömitz hat entsprechend der italienischen Fortifikation die Grundform eines regelmäßigen Fünfecks. An den fünf Ecken befinden sich polygonale Bastionen mit Namen wie „Cavalier", „Held", „Drache", „Greif" und „Burg", die auf Gewehrschußweite voneinander entfernt errichtet wurden. Alle fünf Bastionen beher-

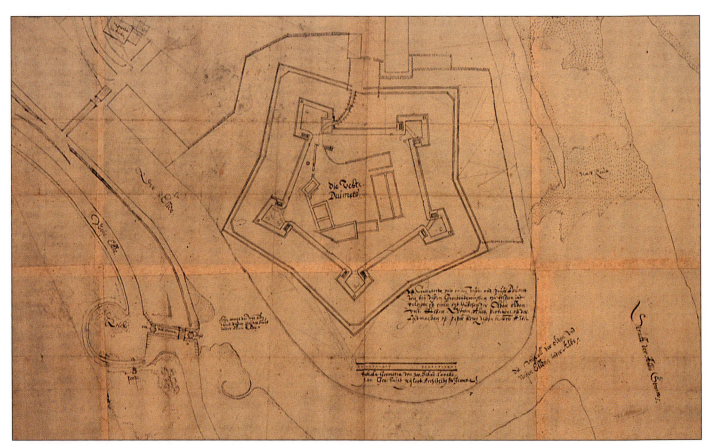

Grundrißplan zur Festung von G. E. Piloot, gezeichnet ca. 1612. Außer der Festung sind die Steinschleuse, die Torbrücke und die Kirche in diesem Plan deutlich dargestellt.

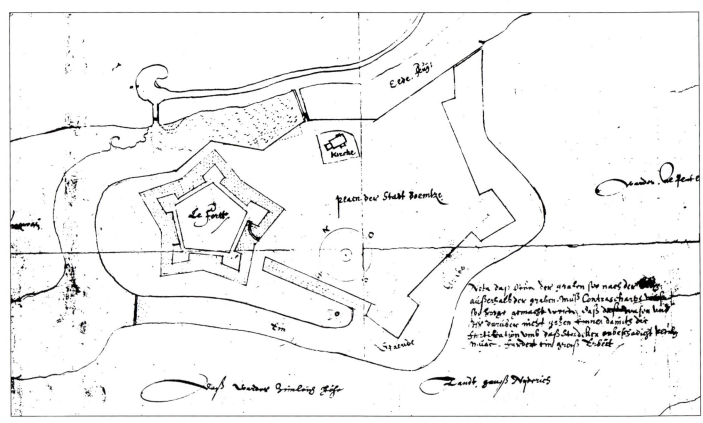

Der erste bekannte Plan von Stadt und Festung Dömitz von G. E. Piloot, gezeichnet ca. 1612. Dieser Plan enthält die Darstellung eines breiten Wassergrabens um die gesamte Stadt.

bergen Kasematten, die der Verteidigung und Aufnahme von Munition und Wirtschaftsgerät dienten. Ob alle fünf Bastionen und die verbindenden Festungsmauern, die Kurtinen, schon vollständig bis 1565 errichtet waren, kann nicht mit Bestimmtheit gesagt werden. Karten und Dokumente von 1565 zeigen zwar schon den genauen Grundriß der gesamten pentagonalen Festungsanlage mit den Bastionswerken, doch ist der Arbeits- und Transportaufwand für die relativ kurze Bauzeit mit den damaligen Bautechnologien sehr beachtlich. Ein Hinweis auf das Jahr der Fertigstellung befindet sich am Haupteingang der Festung.

Das Haupttor, errichtet an der Südseite der Bastion „Cavalier", ist eine Sandsteinkonstruktion im Stil der Spätrenaissance und trägt über der Toröffnung folgende Inschrift:

> JOHANNES ALBERTVS
> DVX MEGAPOL SIBI-SVISQVE
> COMMVNIVIT
> ANNO M D LXV

Johann Albrecht, Herzog von Mecklenburg für sich und die Seinen erbaut 1565

Das Festungstor heute, fotografiert im September 1994.

Über der Inschrift ziert das mecklenburgische Landeswappen des Herzogs Johann Albrecht I. und das brandenburgische Wappen seiner Gemahlin Anna Sophia, ebenfalls in Sandstein gearbeitet, das Tor.

An das Festungstor heran führte eine einmal gewinkelte Holzbrücke von etwa zwanzig Meter Länge. Mit zwei Zugbrückenkonstruktionen konnte die Zufahrt zur Festungsanlage gesperrt werden. Aus Akten des Landeshauptarchivs Schwerin ist zu ersehen, daß der bekannte Baumeister und Architekt G. E. Piloot aus Emden auf Weisung des mecklenburgischen Herzogs Paul Friedrich I. die Dömitzer Festung bis zum Jahre 1612 noch weiter ausgebaut und verstärkt hat.

Die Festungsanlagen und Gebäude innerhalb der Festung sind teilweise bis auf die alte Burg Dömitz zurückzuführen. Mauerreste, Turmfundamente, aber auch ganze Räume und Gewölbe konnten durch die Festungsbaumeister Bornau und Piloot übernommen und wieder mit einbezogen werden. Das am Haupt- oder Bleiturm sichtbare Rautenmauerwerk und die klassischen Tonnen- und Kreuzgratgewölbe in den Erdgeschoßbereichen des heutigen Museumsgebäudes kennzeichnen die ältesten, aus dem 13. Jahrhundert erhaltenen Architekturelemente in der Festung.

Die Gebäudestandorte innerhalb der Festungsmauern lassen sich anhand der erhaltenen Karten und Pläne sehr gut rekonstruieren. Das Aussehen und die Raumaufteilung der Wohn- und Wirtschaftsgebäude sind aber nicht bildlich überliefert und daher nur sehr schwer wiederzugeben.

Aus Rechnungen, Bittschreiben und auch Schadensberichten der Festungskommandanten sowie aus den Inventaren und Bestandsaufnahmen für die Landesregierung lassen sich Angaben und Hinweise entnehmen, die eine teilweise Rekonstruktion der Gebäude ermöglichen.

Francesco a Bornau hat 1559 von der alten Burg Dömitz schon den Haupt- oder Bleiturm und den Wohnpalas übernommen und diese Häuser zu den Hauptgebäuden der Festung ausgebaut. 1612 zeichnete der Architekt G. E. Piloot den Palas und den Bleiturm auch noch als selbständige Gebäude. Ob Piloot in den nachfolgenden Jahren aus den beiden Gebäuden das große Kommandantenhaus bauen ließ, ist nicht nachweisbar, liegt aber sehr nahe. Die Bezeichnung des Hauptturms der Festung als Bleiturm ist auf die Verwendung von Bleiplatten in der obersten Etagendecke zurückzuführen. Die auf einer Balkenkonstruktion aufgelegten Bleiplatten sollten das Durchschlagen von Brandgeschossen verhindern und gleichzeitig Platz zum Aufstellen von kleineren und leichteren Geschützen geben.

Die alten Bauten an der Westseite des Kommandantenhauses, wie die Küche und andere Wirtschaftsräume, sind ebenfalls Anfang des 17. Jahrhunderts ausgebaut worden. Ein Zeughaus, ein Brauhaus mit fünf großen Kornböden und die Soldatenunterkünfte umgaben den Innenhof der Festung auf der südwestlichen Seite.

Eine umfangreiche und bis ins Detail führende Rekonstruktion der Festungsanlage, einschließlich der Festungsgebäude, ist von dem Regierungsbaurat A. F. Lorenz in den Jahren 1925 bis 1940 vorgenommen worden. Seine zeichnerische Umsetzung der Untersuchungen und Archivstudien erbrachte Karten und Festungsdarstellungen, die die Festungsanlage nach ihrer Fertigstellung 1565 und am Ende des 17. Jahrhunderts zeigen.

Ansicht der Festungsanlage aus nördlicher Richtung, Darstellung von A. F. Lorenz.

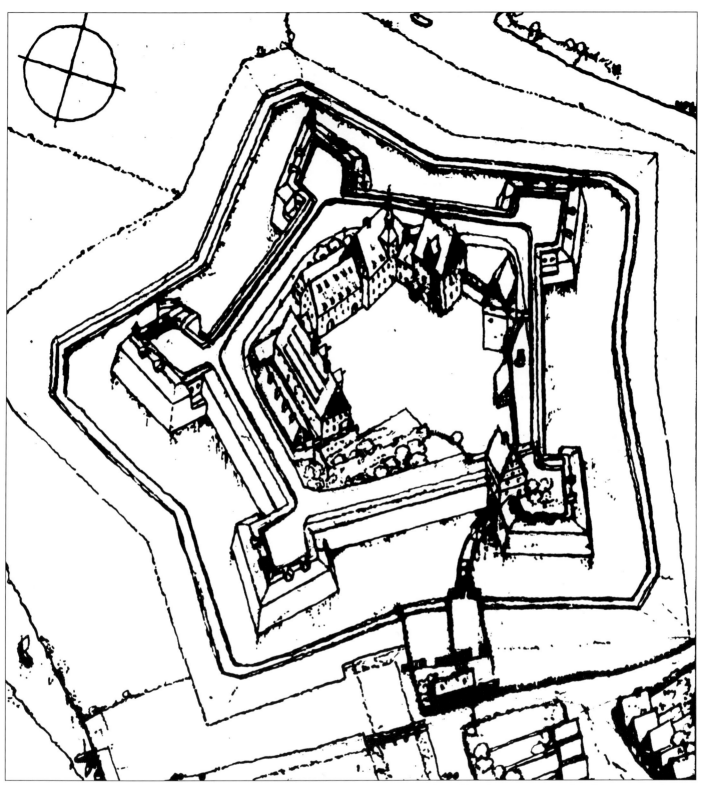
Rekonstruktionszeichnung zur Festungsanlage von A. F. Lorenz. Die Zeichnung zeigt die Bastionsanlagen und Gebäude der Festung, wie sie um 1612 bestanden haben können.

Mit dem Ausbau der Festung erfolgte auch eine Befestigung der Stadt. Die Hauptstraßen führten in geraden Linien zur Festung und wurden nur mit kleinen, schmalen Nebenstraßen miteinander verbunden. Die Form und Lage der Hauptstraßen sollte ein schnelles und übersichtliches Verlegen der Soldaten und Bewaffnung von der Festung an den Stadtwall oder umgekehrt ermöglichen. Die Hauptstraßen und Wege durften nicht verbaut werden und mußten auch von den Bastionen der Festung gut einsehbar und kontrollierbar bleiben.

Eine Stadtmauer ist bislang in Dömitz nicht nachweisbar, jedoch umschloß der Stadtwall die gesamte Stadt, und die Eckpunkte des Stadtwalles waren bastionsartig ausgebaut. Eine hölzerne Palisadenbefestigung auf dem Stadtwall wird in älteren Urkunden und Berichten häufig erwähnt. Die Stadt hatte nur an der Nordseite, an der sogenannten Torbrücke, einen Zugang. Die Torbrücke überspannt den die Stadt nördlich umfließenden Elbearm. Hinweise auf ein steinernes Stadttor sind nicht bekannt, gemauerte Torhäuser beiderseits der Brücke haben sich aber bis ins zwanzigste Jahrhundert erhalten.

Die Anlage der Wohnbebauung der Stadt und die Struktur des Straßennetzes wurden seit dem 17. Jahrhundert maßgeblich durch die Verteidigungsbedingungen der Festungsanlage bestimmt.

Aus der ersten Hälfte des 17. Jahrhunderts liegen heute auch die ersten genaueren und detaillierten Festungspläne vor.

Der Ausbau des bis zu zwanzig Meter breiten Festungsgrabens und die Anlage der Festungsumwallung mit dem gedeckten Weg, dem Kontereskarpe, und den Waffenplätzen erstreckte sich noch bis ans Ende des 17. Jahrhunderts.

Die notwendigen wasserbautechnischen Anlagen wie Staustufen oder Wehre, die zur Wasserstandsregulierung im Festungsgraben gebraucht wurden, sind heute nicht mehr erhalten.

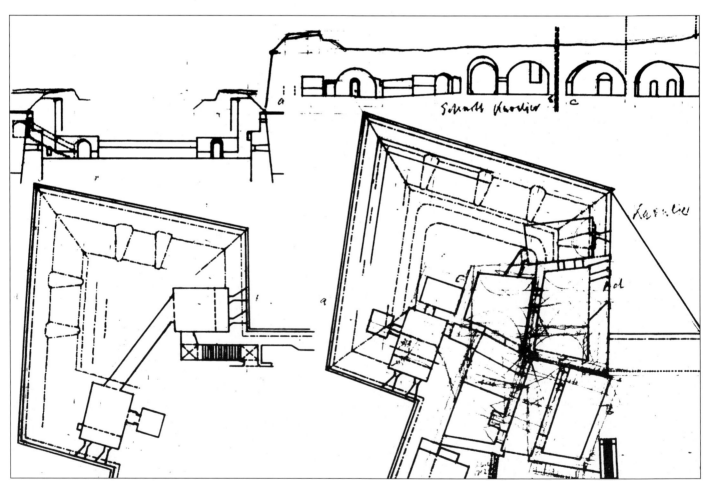

Grundriß und Profildarstellungen zu den Kasemattenanlagen in der Festung. Der Zeichner dieses Planes ist nicht angegeben. In der linken Bildhälfte ist es eine Geschützkasematte, in der rechten Bildseite ist es die Kasemattenanlage in der Bastion „Cavalier" mit dem Eingangstunnel, dem Gewölbe zur inneren Torverteidigung und den Geschützständen in den Flanken der Bastion.

Kasemattengewölbe mit Schießscharten in der Bastion „Drache".

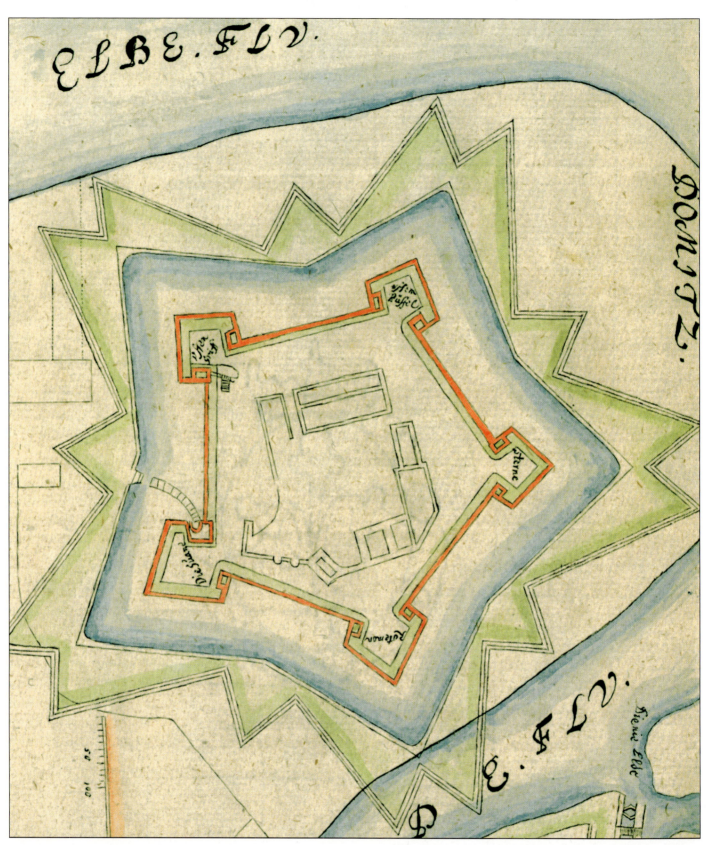

Kolorierte Zeichnung der Festungsanlage von 1625, wahrscheinlich von G. E. Piloot. In diesem Festungsgrundriß sind bei den jeweiligen Bastionen die ursprünglichen Bastionsnamen eingetragen. Sie lauten: Die Suane, Rothemann, Sterne, ...Büffel, vesten Griff. Auf der Rückseite der Karte ist vermerkt: Das Original ist vom Stücklietnant Moritz im Zeughaus der Festung Dömitz gefunden in einer mit etlichen von Mäusen zerfressenen Papieren angefüllten Kiste; am 11. Januar 1764 an die herzogliche Regierung nach Schwerin gesandt.

Die unmittelbare Nähe zur Elbe ergab zwar günstige natürliche Wasserstände, aber bei langen Trockenzeiten mußte mit Wasserstauungen der Wasserstand im Festungsgraben reguliert werden. Die unweit der Festung gelegene Steinschleuse, 1572 erbaut, lag zwar absichtlich in Reichweite der Kanonen der Festung, hatte aber keine Beziehung zu den Wasserverhältnissen um die Festungsanlage. Die Steinschleuse liegt am Anfang des Eldekanals und diente dort zur Regulierung der Wasserstände für die Schifffahrt.

Die politische und militärische Bedeutung der Festung im Dreißigjährigen Krieg

Die Funktion und die militärische Bedeutung der Festung als Stützpunkt zur Kontrolle und Verteidigung der mecklenburgischen Landesgrenze und zur Sicherung des Elbübergangs zeigte sich in der ersten Hälfte des 17. Jahrhunderts, speziell im Dreißigjährigen Krieg, besonders deutlich. Die versuchte Neutralität der mecklenburgischen Herzöge mußte bei der zentralen Lage des Landes in Norddeutschland und durch die vielen unterschiedlichen politischen und militärischen Interessen scheitern.

Die Festungsanlage wurde als modernes und bedeutendes Bauwerk zu einem politischen und militärischen Eroberungsziel der verschiedensten Landesfürsten und Generale. Mecklenburgische, dänische, brandenburgische, sächsische und schwedische Truppen besetzten und umkämpften die Stadt und die Festungsanlagen. Nach dem Feldherrn Tilly und General Schlick zog am 28. August 1627 Wallenstein in Dömitz ein.

Der Historiker und Schriftsteller Hellmut Diwald beschreibt in einer Wallenstein-Biographie die Belagerungssituation vor der Festung wie folgt: „Von Cottbus aus erreicht das Heer schnell die Elbe. Einen letzten Aufenthalt gibt es vor der Grenzfestung Dömitz auf mecklenburgischem Gebiet. Schlick hat dem Kommandanten, Hauptmann Gerhard Oberberg, zwei Tage Bedenkzeit gegeben. Wallenstein trifft am 28. August ein. Auf offener Straße, direkt unter den Kanonen der Festung, gibt er seinen Offizieren ein rauschendes Bankett. Ein Geschützmeister der Festungsbesatzung fleht den Kommandanten um die Erlaubnis an, die Festtafel ins Visier zu nehmen, ein einziger Schuß würde genügen, dann sei es aus mit diesem frechen Hochsommerfest. Der Hauptmann winkt ab, er starrt hinunter, am nächsten Tag übergibt er die Festung und tritt unter die Fahnen Wallensteins."

Albrecht von Wallenstein (1583–1634)

Die Festungsbesatzung kapitulierte vor dem kaiserlichen General, der am 31. August mit seinem Gefolge in der Festung Quartier bezog. 1635 kam auf dem Rückzug der schwedischen Truppen der Kanzler und Heerführer Oxenstierna auf die Dömitzer Festung. Truppendurchmärsche, Einquartierungen und Gefechte mit mehreren tausend Soldaten machten die Stadt und Festung Dömitz zu einem häufigen Kriegsschauplatz. Kriegsschäden und menschliches Leid waren durch die ständigen Kämpfe um den Besitz der Festung in Dömitz besonders stark. Der schwedische Oberst Jeßvitzki, von Oxenstierna als Festungskommandant eingesetzt, ließ 1635 die Stadt runterbrennen, um gegen ein 7000 Mann starkes Heer kursächsischer Infanterie freies Schußfeld zu bekommen.

In einem Bericht über die Stadt Dömitz schrieb der schwedische Feldherr Banner im September 1638: „Bei Dömitz in Mecklenburg ist nichts als Sand und Luft, alles bis auf den Erdboden verheeret. Dörfer und Felder sind mit krepiertem Vieh besät. Die Häuser voll toter Menschen. Der Jammer ist nicht zu beschreiben."

Am 15. August 1639 schrieb der mecklenburgische Herzog Adolf Friedrich: „Durch das betrübte langwierige Kriegswesen und die darauf erfolgten pestilenzischen Seuchen sind unsere Lande an Menschen und Vieh elendiglich und dermaßen verödet und verwüstet, daß auf den meisten adligen Höfen fast kein Mensch lebendig übrig geblieben."

Trotz starker Kriegsschäden und hoher menschlicher Verluste wurden die Stadt und die Festungsanlagen im Verlauf des Dreißigjährigen Krieges mehrfach erneuert und wieder befestigt.

Im August 1643 schrieb ein schwedischer Chronist nach der Erstürmung der Stadt: „Die Stadt war nicht schlecht befestigt. Sie war mit Palisaden und einem Graben, desgleichen mit Sturmpfählen oben an der Brustwehr versehen, also in ziemlicher Verteidigung."

Trotz starker Kämpfe mit hohen Verlusten konnten die schwedischen Truppen zunächst aber nur die Stadt besetzen. Erst nach längerer Belagerung kapitulierte die kaiserliche Festungsbesatzung. Die Kanonen, die Pferde und die persönliche Bewaffnung konnte von den abziehenden Soldaten der Festungsbesatzung mitgenommen werden.

Die schwedischen Truppen fanden in der Festung einen beschädigten Feuermörser, 70 Zentner Pulver, 4000 Gewehrkugeln, 3000 alte und neue Gewehre, 300 Pistolen und 50 Granaten. Bis zum Ende des Dreißigjährigen Krieges blieb die Festung in schwedischem Besitz. 1649 mußten die Dömitzer Bürger schwere Hand- und Spanndienste leisten, um die Ausrüstung und Bewaffnung sowie Teile der Kriegsbeute der Schweden nach Wismar zu bringen.

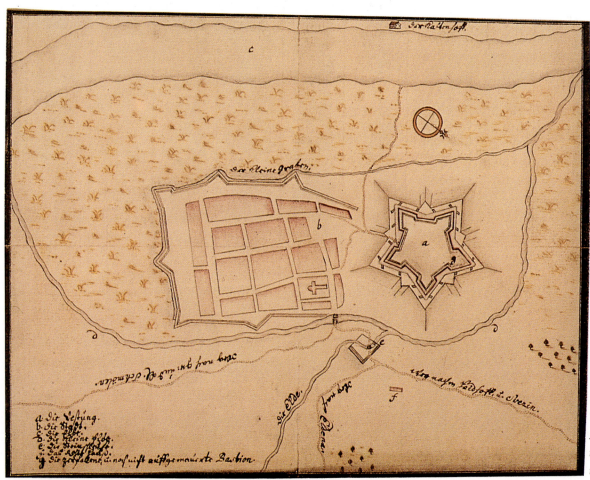

Karte von Stadt und Festung um 1630

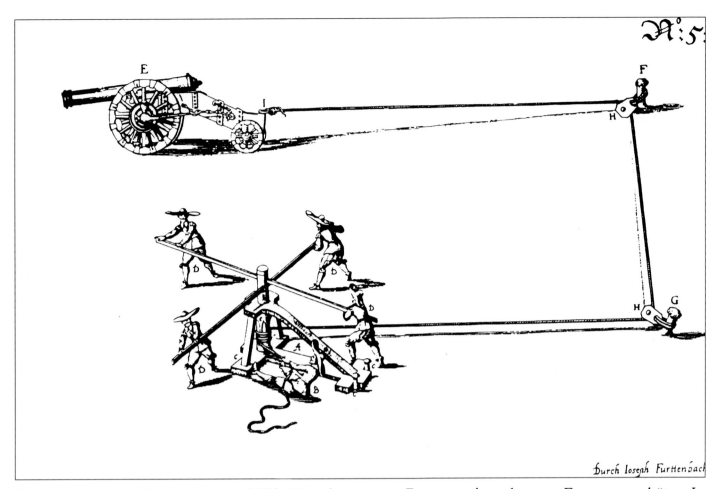

Kupferstich von J. Furtnbach von 1630. Vorrichtung zum Bewegen der schweren Festungsgeschütze. In Zeughäusern, Kasematten und in den Geschützstellungen auf den Bastionen wurden die Kanonen mit Hilfe von Seilwinden und Umkehrrollen transportiert.

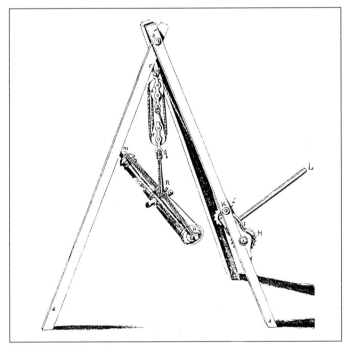

Als Capra oder Bock benannte Hebevorrichtung aus einem Dreibeingestell und Flaschenzug zum Anheben von Kanonenrohren.

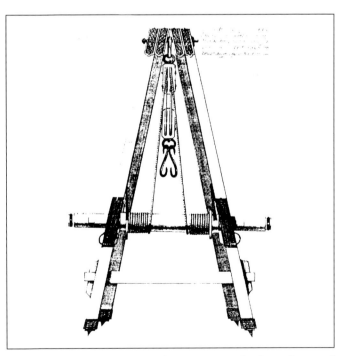

Vierbeinige Hebevorrichtung mit Seilwinde und Flaschenzug zum Anheben schwerer Lasten.

Dömitz / Domyze /

Zon Theils Damitz genandt/ eine veste Statt im Hertzogthumb Mechelburg/ an welches sie Anno 1328. kommen/ als Churfürst Ludwig von Brandeburg dieselbe/ sampt Lentzen/ vnnd dem Lande/ an beeden Seiten der Elbe/ vor siebendhalb tausent Brandeburgische Marck Silbers/ den Mechelburgischen Graffen von Schwerin versetzt hat; Wie Andreas Angelus libr. 2. Chron. March. pag. 136. schreibet; wiewol das Stättlein/ vnd Zoll Lentzen/ durch Heurath/ hernach wieder an Brandeburg kommen. Dömitz aber also bey Mechelburg blieben ist; nach dem die Hertzogen/ die Graven von Schwerin geerbet haben. Es ligt dieser Orth an der Elb/ allda ein Zoll/ deren Zoll-Stätte an der Elb 17. zwischen Magdeburg/ vnnd Hamburg/ vnd mit den zween Zöllen/ selbiger beeder Stätte 19. seyn; wie Werdenhagen/ von den Hansee-Stätten/ im vierten Theil am neundten Capitel/ vnnd 48. Blat/ schreibet. Vnnd sollen gleichwol/ zwischen gemeldten beeden Stätten/ nur bey 30. Meilen/ dem Wasser nach/ seyn. Von hinnen ist M. Joachimus Sluterus, der erste Lutherische Prediger zu Rostock/ gewesen/ von welchem Petrus Lindeberg. lib. 4. Chron. Rostoch. also schreibet: Veneficii incantatorum pharmacorum effusione, alijsq; magicis artib. effecerunt, ut Lutheranorum Doctorum Rostoch. alter publica pro Concione mutesceret, alter viribus, & corpore deficeret, ac ipse Sluterus tãquam umbra evanesceret, & mortem ante legitimos ætatis annos obiret, An. 1532. Im Jahr 1627. hat der Käys. General/ Graf von Tilly/ Dömitz mit Accord erobert: Ingleichem auch der Schwedisch Obrist Lohhausen/ zu Ende deß 1631. Jahrs/ nach dem diese Statt/ vnd Schloß/ die Käyserischen eine zimbliche Zeit innen gehabt hatten. Vnd obwoln/ im Weinmonat/ An. 1635. der Chur-Sächsisch Gen. Leutenant Baudissin/ dieselben wieder zu erobern sich vnterstunde; so ist er doch darüber vom Schwedischen Feld-Marschallen/ Johann Bannern/ zimlich geklopfft worden; vnnd haben damaln die Schwedischen/ auß dem Schloß/ dz Stättlein in den Brand gesteckt. Vnd hat er Feld-Marschall/ nach Erhaltung deß Felds/ sich wieder über die Elb gemacht/ vnd seines gefallens gehauset. Aber Anno 1637. den 14. Aug. bekamen die Käys. vnd Sächsischen/ Dömitz/ wieder in jhren Gewalt. An. 1639. legte sich obgedachter Feld Marschall Banner abermals vor Dömitz/ beschosse es/ zog aber/ weil sich der Comendant darinn nicht ergeben wolte/ wiederumb ab/ vnd hielte den Ort eine Zeitlang blocquirt. Das folgende 40. Jahr/ ward diese Vestung auß Hamburg proviantirt/ welches die Schwedischen/ über allen angewändten Fleiß/ nicht hindern konten. An. 1643. zu Eingang deß Augstmonats/ seynd Sie/ die Schwedischen/ wieder darfür komen/ auch die Statt den 21. diß/ Newen Calenders/ mit stürmender Hand: aber die rechte Vestung/ oder das Schloß/ weiln der Käyserliche Gebietiger dariñ/ Erasmus Morosini, sich tapffer gewehrt/ erst den 23. Octobris, erobert. Sihe tom. 5. Theatr. Europ. fol. 134. sequent. & fol. 178.

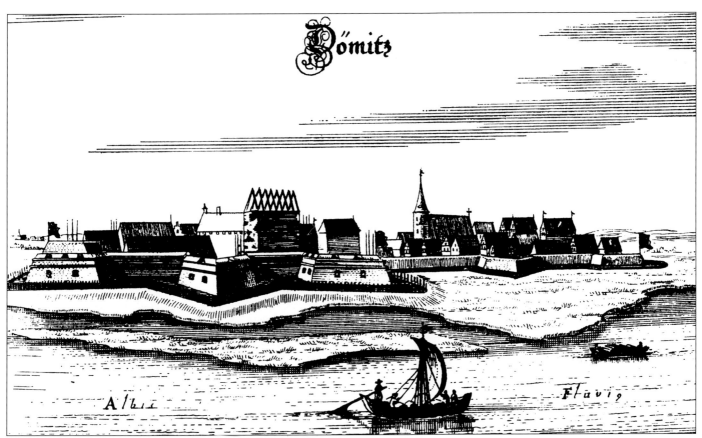

Ansicht von Dömitz aus Merian Topographia Germaniae 1653

Nachstich der Dömitzer Stadtdarstellung von Merian, Kupferstich von Christoph Riegel 1686. In dieser Darstellung wurde das Dach des Festungsturmes schon wieder im guten und vollständigen Zustand gezeichnet. In der übrigen Darstellung von Stadt und Festung ist der Stich mit dem Stich von Merian identisch.

Plan von Stadt und Festung um 1650. Dieser sehr übersichtliche und gut kolorierte Stadtplan zeigt deutlich den Verlauf der Straßen und Wege sowie die hinter den Häuserzeilen gelegenen Gartenflächen. Der Stadtwall ist mit bastionsförmigen Anlagen gesichert, und vor dem Wall verläuft noch ein breiter Wassergraben. Die gerade auf die Festung zuführenden Straßen konnten von den Bastionen der Festung gut eingesehen und auch gut verteidigt werden. Die klare Gliederung entspricht dem Bild einer planmäßig angelegten und nach strategischen Gesichtspunkten konstruierten Stadt.

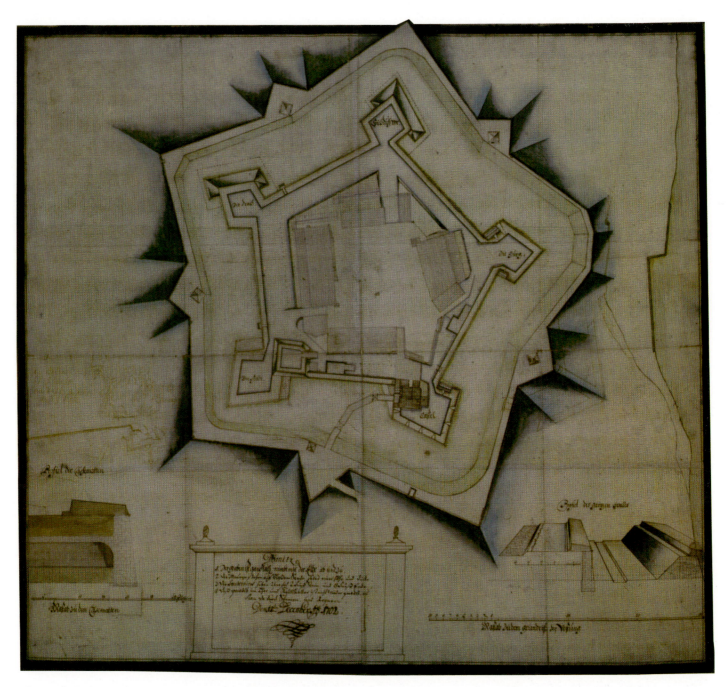

Grundrißplan zur Festung aus der Mitte des 17. Jahrhunderts. Es ist eine kolorierte Handzeichnung ohne Nennung des Verfassers. Außer dem Festungsgrundriß sind sehr anschaulich die Profildarstellungen zur Kasematte und zum Festungsgraben in dem Plan eingezeichnet.

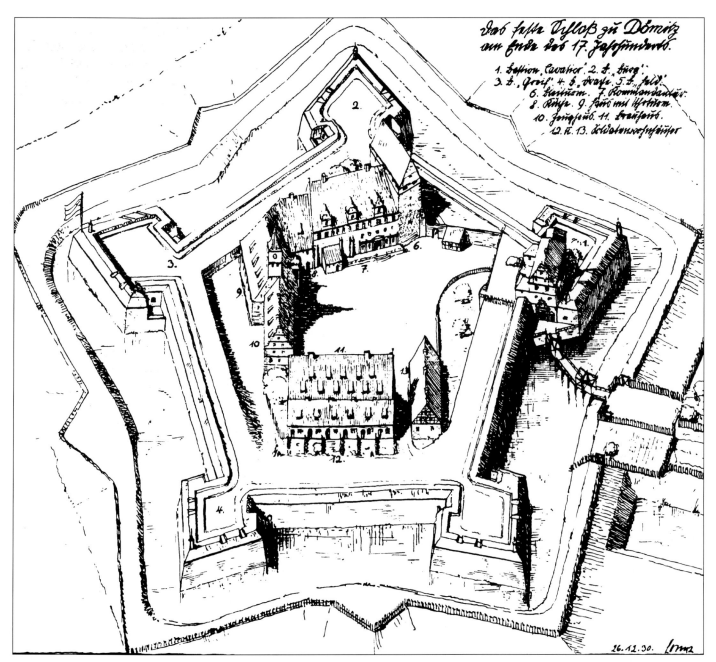

Darstellung der Festungsanlage am Ende des 17. Jahrhunderts von A. F. Lorenz.

Auch nach dem „Westfälischen Frieden" (1648) und dem Ende des Dreißigjährigen Krieges blieb die Dömitzer Festung ein Streitobjekt zwischen den Fürsten der nordeuropäischen Staaten. Als Grenzfestung und zur Kontrolle der Elbzolleinnahmen, als militärischer Ausgangspunkt oder politisches Unterpfand blieb die Festung bis zum Ende des 17. Jahrhunderts eine begehrte Anlage.

Die mecklenburgischen Herzöge konnten die Festung nur mit Hilfe fremder Truppen in ihrer Gewalt behalten. Einquartierungen, die Leistung von schweren Hand- und Spanndiensten und die Rekrutierungen aus der Bevölkerung zum Aufstellen neuer Soldatenregimenter waren ständig große Belastungen für die Bewohner von Dömitz und den umliegenden Ortschaften. Das Sichern und Armieren der Festungsanlage wurde zumeist aus Elbzolleinnahmen und dem einbehaltenen Soldatensold der mecklenburgischen Regimenter bezahlt.

Die bisher bekannten Berichte und Chroniken geben einen recht ausführlichen Überblick zu den politischen und militärischen Ereignissen, sagen aber wenig zu den Beschädigungen und Zerstörungen an der Bausubstanz der Stadt und Festung. Stadtbrände, Belagerungen und Kanonaden auf die Festung müssen aber erhebliche Schäden verursacht haben. Von den Festungswerken wurden die nordwestlich gelegenen Bastionen „Burg" und „Greif" zerstört. Eine Bresche, sechs Mann breit, in einer Kurtine der Festung wird ebenfalls genannt. Genauere und weitere Schadens- oder Verlustberichte zur Bausubstanz an der Festung sind aber nicht überliefert. Karten und Zeichnungen geben erst nach 1650 wieder einen genaueren Überblick zum Zustand von Stadt und Festung. Die früheste Darstellung nach dem Dreißigjährigen Krieg ist von dem bekannten Kartographen Merian 1653 angefertigt worden. Es ist eine Stadtansicht aus südwestlicher Richtung. Die Stadt und die Festungsanlagen werden darin schon fünf Jahre nach dem Ende des Dreißigjährigen Krieges wieder in einem sehr guten baulichen Zustand gezeigt. Wohnhäuser, Kirche und der Stadtwall sind vollständig und unbeschädigt. Die Darstellung der Festungsanlage zeigt aber noch einen ausgebrannten Dachstuhl des Festungsturmes. 1650 wurde schon in einem Bericht vom Festungskommandanten am 1. Oktober geschrieben, daß das „Hohe Haus" baufällig sei und der Bleiturm heruntergenommen werden soll. Elf Jahre später, 1661, wurde von einem „Neuen Haus", das auch als fürstliches Haus bezeichnet wird, berichtet. Der Amtmann J. L. Krull schrieb am 14. Februar 1684, daß das steinerne Dach die Ursache für den schlechten Zustand des Neuen Hauses sei. Weiterhin berichtete er von einem Riß im westlichen Mauerwerk des Neuen Hauses. Aus Materialrechnungen geht hervor, daß noch im gleichen Jahr zur Sicherung des westlichen Hausgiebels ein großer, massiver Stützpfeiler aufgemauert wurde.

Weitere Reparatur- oder Erneuerungsarbeiten an den Festungsgebäuden wurden in der zweiten Hälfte des 17. Jahrhunderts nicht mehr detaillierter aufgeführt. Die Außenanlagen und auch die Bastionen wurden in den Jahren 1672 bis 1679 wieder stark ausgebaut. Der schlechte Zustand der Festung veranlaßte auch den mecklenburgischen Herzog Christian Ludwig, nach Dömitz zu kommen, die Festungsanlagen zu besichtigen und große Erneuerungen anzuordnen. Die Erneuerungen der Festungsbauwerke ließ die Bedeutung der Festung als wichtige und starke militärische Anlage auch im 18. Jahrhundert bestehen.

Die Festung Dömitz als Residenz des Herzogs Karl Leopold

Nach dem Tode des Herzogs Friedrich Wilhelm im Juli 1713 übernahm der Herzog Karl Leopold die Regierung des Landes Mecklenburg. Der Herzog versuchte zur Stärkung des Landes und der eigenen Macht die Einführung einer absolutistischen Regierungspolitik durch das Fürstenhaus. Das Einschränken der Rechte der Stadt Rostock und der Kampf gegen Privilegien und Machtansprüche der Rittergutsbesitzer führten aber zu einem schweren Konflikt zwischen den Ständen und dem Landesherrn. Zur Unterstützung seiner politischen Vorhaben heiratete Karl Leopold 1716 die russische Prinzessin Katharina Iwanowna, Großfürstin von Rußland, um dann mit der Hilfe des russischen Zaren Peter des Großen und seines Heeres den Kampf gegen die Stände in Mecklenburg zu gewinnen. Um sich den Beistand der mecklenburgischen Bevölkerung, vor allem der Bauern, zu sichern, versprach er die Aufhebung der Leibeigenschaft und die Einführung der Erbpacht ihrer Höfe.

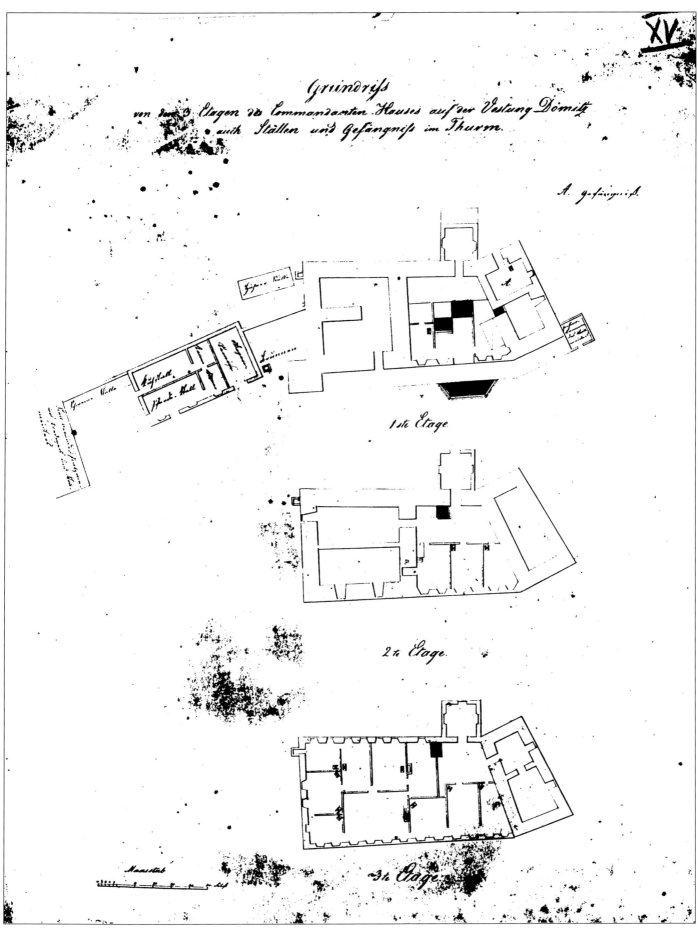

Etagendarstellung des Kommandantenhauses in der Mitte des 18. Jahrhunderts.

Herzog Karl Leopold (1678–1747)

Von 1717 bis 1719 schuf der Herzog mit Unterstützung durch den russischen Zaren ein „stehendes Heer" in Mecklenburg. Die betriebenen Aufrüstungen ließen die mecklenburgischen Truppen auf drei Kavallerieregimenter, fünf Infanterieregimenter und zwei Bataillone von insgesamt 8200 Mann ansteigen. Die Stände, die auch die Last der russischen Truppen im Land mittragen mußten, wandten sich an den Kaiser in Wien und baten um Hilfe. Der Kaiser, dem die russischen Truppen in Mecklenburg auch nicht gefielen, forderte von Karl Leopold Gehorsam und die Rückgabe aller Rechte an die Stadt Rostock. 1719 setzte der Kaiser eine Kommission zur Verwaltung des Landes, mit dem Sitz in Rostock, ein. Der Kaiser erreichte auch den Abzug der russischen Truppen, es blieben nur 3300 Mann im Dienste des Herzogs, aber unter dem Befehl des Zaren. Durch die weitergehenden Klagen der Stände gegen Karl Leopold entsandte der Kaiser eine 12000 Mann starke Armee aus hannoveranischen und brandenburgischen Truppen zur Durchsetzung der Reichsexekution gegenüber dem Herzog Karl Leopold. Der Herzog konnte mit seinem schlecht bewaffneten Heer dieser Macht nicht trotzen, entließ seine Truppen und floh auf die Festung Dömitz.

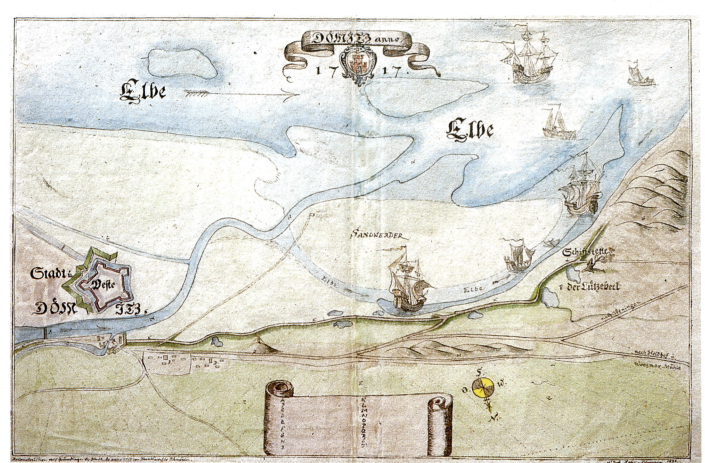

Karte von Stadt, Festung und Steinschleuse sowie der Mündung des Eldekanals in die Elbe.

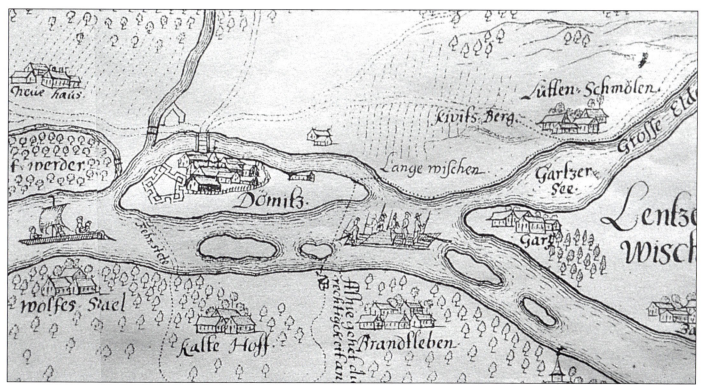

In der Karte werden die Flußläufe und Ortschaften deutlich gekennzeichnet, die Festung ist aber nur mit einem pentagonalen Grundriß symbolisch dargestellt. Karte vom Beginn des 18. Jahrhunderts.

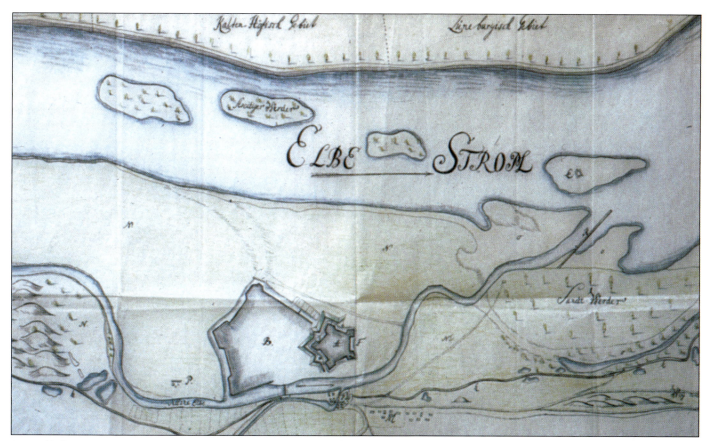

Der 1717 gezeichnete Plan ist ein sehr genaues Aufmaß von Stadt und Festung und ihrer Lage zur Elbe. In der Legende werden Angaben zu den Wegen nach Grabow, Schwerin, Wehningen sowie zu den Festungswerken, der brandenburgischen Zollstange, der Ziegelei und der Steinschleuse verzeichnet.

Projektzeichnung für den Ausbau der Stadt und der Festungsanlagen aus dem Jahr 1719. Dömitz als die Residenz des Herzogs Karl Leopold und die Pläne des Herzogs, eine bedeutende Vergrößerung der Militärverbände vorzunehmen, waren die Grundlage für dieses umfangreiche Erweiterungs- und Armierungsprojekt für die Stadt und die Festungsanlagen.

Die Residenz des Herzogs in Dömitz brachte zunächst für den Ort und die Festung wirtschaftliche Vorteile und durch die Unterhaltung des Hafens und des Militärs ein stärkeres Geschäftsleben. Von Dömitz aus versuchte Karl Leopold weiter den Kampf gegen die Stände und gegen die kaiserliche Kommission in Rostock. Die Gerüchte um eine Intrige gegen ihn und die beabsichtigte Sprengung des Schlosses, des Kommandantenhauses in der Festung, veranlaßten den Herzog, Gerichtsprozesse mit mittelalterlicher Grausamkeit durchzuführen. Die Angeklagten, Landsknechte, der Dömitzer Bürgermeister Brasch, der Geheimsekretär Scharf und der Geheime Rat Wolfrath wurden hingerichtet oder starben vorher unter der Folter. Diese nur Schrecken hervorrufenden Ereignisse in Dömitz brachten den Herzog Karl Leopold und auch die Stadt in einen sehr schlechten Ruf.

Der Herzog verließ Dömitz 1723 und ging nach Danzig. Nach einem 1733 nochmals versuchten Aufstand zur Wiedererlangung der Regierung, der abermals scheiterte, kehrte Karl Leopold 1741 auf die Festung zurück. Am 28. November 1747 ist der Herzog auf der Festung Dömitz verstorben. Sein Leichnam wurde nach Bad Doberan überführt und dort beigesetzt.

Stockhaus, Tollhaus und Zuchthaus – die Festung als Strafvollzugsanstalt für Mecklenburg

In der Mitte des 18. Jahrhunderts änderte sich die Nutzung der Festungsanlage. Das schon seit 1705 in den Inventaren und Magazinabrechnungen genannte Stock- und Tollhaus der Festung wurde 1755 zu einem Zucht- und Irrenhaus ausgebaut. Da die Städte und die Ritterschaft in Mecklenburg ihre Gefangenen in die Gefängnisse von Ämtern und Stadtbehörden einwiesen und dort oft nur sehr unzureichende Räumlichkeiten zur Verfügung standen, erhielt auch

Stadtplan von Dömitz um 1780. Der Plan zeigt einen vergrößerten Ausschnitt aus der Wibekingschen Karte. Die kolorierte Handzeichnung ist eine Kopie von J. Rohr aus dem Jahr 1932.

das in der Festung Dömitz bestehende Stock- und Tollhaus beständig neue Insassen. Von den Gefangenen in der Festung wurden lediglich die sogenannten Stockhäusler, die Schwerverbrecher, getrennt und unter strengerer Aufsicht gehalten. Alle übrigen Insassen wurden gemeinsam eingesperrt und nur nach Frauen und Männern voneinander getrennt. Die Gefangenen waren auf engstem Raum zusammengepfercht und hatten so Gelegenheit zu „lebhaftem Erfahrungsaustausch", was der Festung auch den Ruf, eine „Hochschule für Verbrecher" zu sein, eintrug. Bei den Gefangenen erfolgte auch keine Trennung zwischen den kriminellen und den geistig behinderten Menschen. Die als „Irre" bezeichneten Insassen wurden von den Zuchthäuslern mit beaufsichtigt und waren somit deren Launen und Handgreiflichkeiten völlig ausgeliefert.

Das Stock- und Tollhaus war in seiner Bewirtschaftung und Verwaltung dem Festungskommandanten unterstellt. Die medizinische Betreuung erkrankter Insassen erfolgte durch den Festungsmedicus, der für die Militärpersonen und die Gefangenen gleichermaßen zuständig war. Als Zuchthausgebäude diente das alte Korn- und Brauhaus. Das dem Kommandantenhaus gegenüberstehende Gebäude war drei Stockwerke hoch und wurde vollständig zum Zuchthaus umgebaut. Zu den Gefangenenräumen und Tollkojen kamen noch Arbeitsräume, Werkstätten, Küche und Krankenstube, eine Gerichtsstube und eine Frauenkirche hinzu. Wegen des Raummangels mußten die Gefangenen in den Unterbringungsräumen in Bettgestellen von je zwei Pritschen übereinander liegen. Die Belüftung und Beleuchtung der Räume erfolgte nur über kleine, dicht unter der Raumdecke befindliche Fenster und die Zugangstür. Die ständig beengten Unterbringungsmöglichkeiten, es waren zeitweilig bis zu 70 Personen in einem Raum, und auch das wiederholte Entweichen von Zuchthausinsassen führte häufig zu baulichen Veränderungen im Zuchthausgebäude. Um das Fliehen der Sträflinge zu verhindern, wurde um das Hofgelände des Zuchthauses 1806 eine 300 Fuß lange und zwölf Fuß hohe Mauer errichtet.

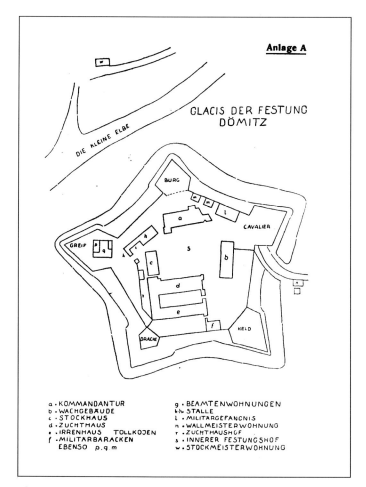

Grundrißplan zur Festung vom Beginn des 19. Jahrhunderts.

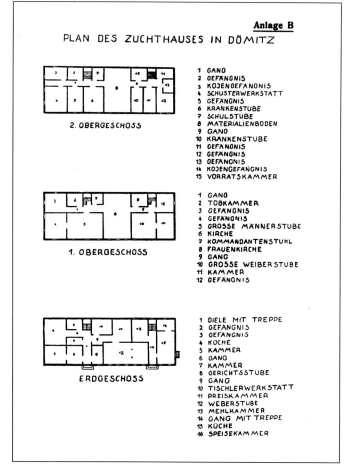

Etageneinteilung des Zuchthausgebäudes.

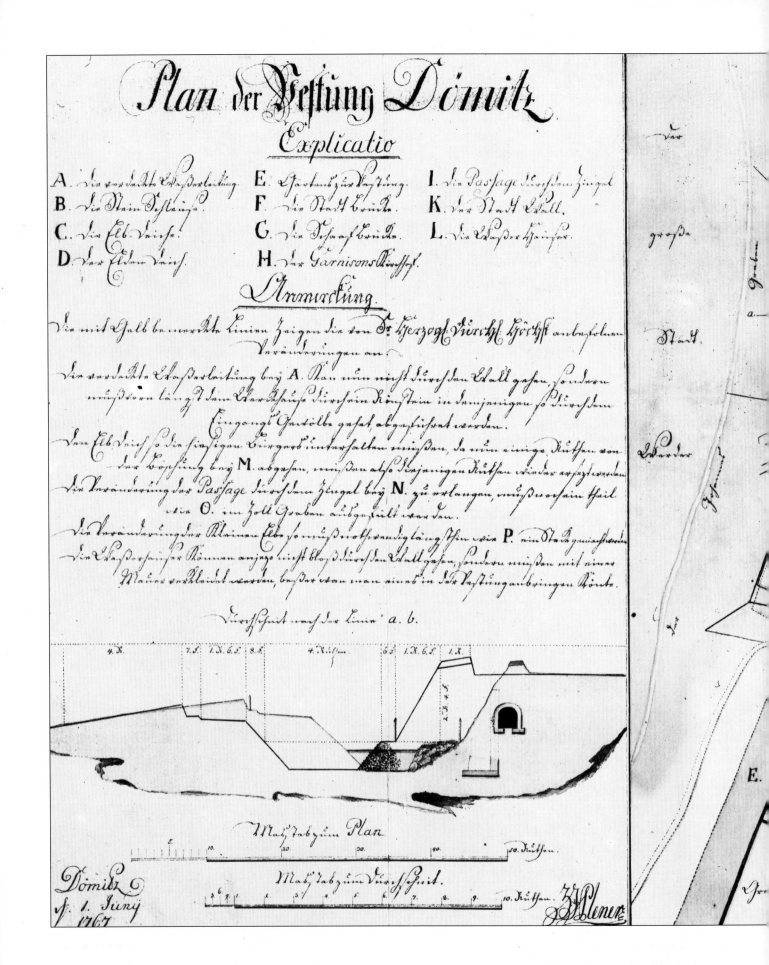

Grundrißzeichnung zur Festung von J. Z. Plener, gezeichnet am 1. Juni 1767. Die Profildarstellung im linken Kartenteil zeigt die eingestürzten Mauern der Bastion „Drache". Auch die Gebäude über dem Eingangstor der Festung sind im Grundrißplan noch dargestellt.

Vergehen, die 1757 mit Zuchthausstrafe geahndet wurden:

- Hausdieberei
- Mutterungehorsam
- Verdacht des Kindermordes
- Zigeuner
- Gelddieberei
- Brandstiftungsabsicht
- Vielmännerei
- Muttermißhandlung
- Dieberei und Desertationshilfe
- Hurerei
- Wahnwitz
- Streit mit dem Ehemann
- übles Betragen
- Elternungehorsam
- Totschlag
- Völlerei
- gewaltsame Werbung
- Blödsinn
- liederlicher Lebenswandel
- Landstreicherei
- Gesöff
- Blutschande
- ärgerliches Leben
- versuchter Kindermord
- Melancholie
- Ehebruch
- tödliche Verwundung des Ehemannes
- venerische Krankheit
- Stummheit
- abergläubige und schädliche Cure
- Paßvergehen

Zuchthausspeiseplan für eine Woche im Jahr 1792

Montag und Donnerstag:

Zusammengekochtes aus 300 Pfund Wasser, 40 Pfund Kartoffeln, 24 Pfund Graupen, 4 Pfund Fleisch, $3^1/_2$ Pfund Salz, 1 Pfund Zwiebeln oder Suppenkraut

Dienstag und Freitag:

Dasselbe aus 300 Pfund Wasser, 48 Pfund Kartoffeln, 14 Pfund Graupen, 4 Pfund Fleisch, $3^1/_2$ Pfund Salz und 1 Pfund Zwiebeln oder Kräuter

Mittwoch und Sonnabend:

Dasselbe aus 300 Pfund Wasser, 10 Kannen Erbsen, 40 Pfund Kartoffeln, $1^1/_2$ Pfund Speck, 4 Pfund Roggenmehl, $3^1/_2$ Pfund Salz, 1 Pfund Zwiebeln oder Kräuter

1794 erhielt jeder Züchtling täglich $1^1/_2$ Pfund Brot, $^1/_4$ Pfund Käse und mittags eine Kanne Bier.

Sonntag:

$^1/_4$ Pfund Fleisch und Kartoffeln

Auch der Anbau eines weiteren Gebäudes an das Zuchthaus und die Vergrößerung der Anzahl der Tollkojen und der Arrestzellen veränderte die menschenunwürdige Unterbringung der Insassen nicht. Eine häufige Form der Strafe, zu der die Gefangenen verurteilt wurden, war die Karrenstrafe. Hierbei mußten die Sträflinge, auch Sklaven genannt, an eine Schubkarre gekettet, Transport- und Instandhaltungsarbeiten an den Festungsanlagen durchführen. 1743 wurden zwei Deserteure von der Todesstrafe zu lebenslangem Karrenschieben begnadigt. Neben dem Karrenschieben wurden die Gefangenen zum Säubern des Festungsgrabens, zum Kalklöschen für Maurerarbeiten, zum Anfertigen von Karren und Lafetten für die Festungsgeschütze und für Schachtarbeiten beim Anlegen eines Brunnens eingesetzt. Auch bei den Holzarbeiten für eine neue Brücke am Festungseingang sind Sträflinge des Zuchthauses beschäftigt gewesen. Die Arbeiten wurden durch den Wallmeister beaufsichtigt, der auch die Sträflinge zu den Arbeitsaufgaben einteilte. Trotz der Aufsicht und der Bewachung der Sträflinge kam es häufig zur Flucht derselben aus der Festung oder von den Arbeitsorten. In den Stockhauslisten sind die Ausbrüche der Gefangenen verzeichnet. Durchschnittlich gab es in drei bis vier Monaten zwei Entweichungen, im dritten Quartal 1774 waren es sechs entlaufene Sträflinge und im gleichen Zeitraum 1790 ebenfalls sechs Personen. Im Jahr 1809 entkamen sogar sieben Stockhausgefangene durch das Aufbrechen einer Wand zwischen dem Stockhaus und den angrenzenden Vorratsräumen. Die Mauern überwanden sie durch das Aneinanderfügen ihrer Fesseln zu einer langen Kette.

Zur Bestrafung der Gefangenen nach einem Fluchtversuch oder nach Streitigkeiten und Ungehorsam gab es als Disziplinarstrafen Peitschenschläge oder das Verstärken der Fesseln. Als Stockhauspeitsche wurde eine Knutpeitsche mit drei Spitzen und Knoten verwendet. Die Strafe wurde vom Stockmeister an den in einer Bank eingespannten Sträflingen über der Kleidung vollzogen.

Das Stockhaus und das 1755 dazu eingerichtete Zuchthaus blieben als Strafvollzugseinrichtungen für Mecklenburg-Schwerin und Mecklenburg-Strelitz bis in die erste Hälfte des 19. Jahrhunderts bestehen. Berichte von Ärzten über die katastrophalen Haftbedingungen sowie die unzureichenden hygienischen und medizinischen Zustände und das Ausbleiben von Einnahmen durch die Arbeitsleistungen der Häftlinge führten 1830 bzw. 1843 zur Verlegung der Irrenanstalt in ein neues Klinikum nach Schwerin-Sachsenberg und des Zuchthauses in die Landesstrafanstalt nach Bützow-Dreibergen. Auf der Festung verblieben noch bis 1894 die Insassen des Militärgefängnisses.

Unter der Regierung der Herzöge Christian Ludwig (1747–1756) und Ludwig (1725–1778) sowie nach der Beauftragung des Erbprinzen Friedrich Franz, 1782 das Militärwesen Mecklenburgs neu zu ordnen, erfolgten in der zweiten Hälfte des 18. Jahrhunderts wesentliche Umbauten an der Festung. Nach 1767 datierte Karten zeigen Erneuerungsarbeiten an den Bastionsanlagen „Greif" und „Burg". Die Bastion „Greif" wurde wesentlich vergrößert, und die Kasematte der Bastion erhielt dabei in jeder Flanke drei Geschützstände. Der Eingang zur Kasematte wurde so angelegt, daß die Kasematte auch mit Pferd und Wagen befahrbar wurde. Die Kasemattenräume und die Deckengewölbe werden von zwei mächtigen Stützpfeilern im Kasematteninneren getragen. Auch wurde das Deckmaterial über den Gewölben bis hinauf zur Brustwehr erneuert und verstärkt.

Kasemattenräume der 1764 erneuerten Bastion „Greif".

Im Innenhof der Festung wurden die Gebäude ausgebaut und bekamen neue Tür- und Fensteröffnungen. Das Soldatengebäude mit der Hauptwache wurde höchstwahrscheinlich ganz neu errichtet.

1754 wurde schon der Soldaten- oder Garnisonsfriedhof vor der Festung angelegt. 1799 bat der Festungskommandant um die Erlaubnis zur Verlegung des Garnisonsfriedhofes, da er zu klein geworden sei und häufig vom Hochwasser überschwemmt wurde. Die lange hölzerne Zugangsbrücke vor dem Festungstor besaß um 1795 nur noch ein Zugteil. Das Innentor der Festung, in Sandstein gearbeitet, ist auf das Jahr 1790 datiert und trägt die Initialen des damaligen Erbprinzen und späteren Herzogs Friedrich Franz I.

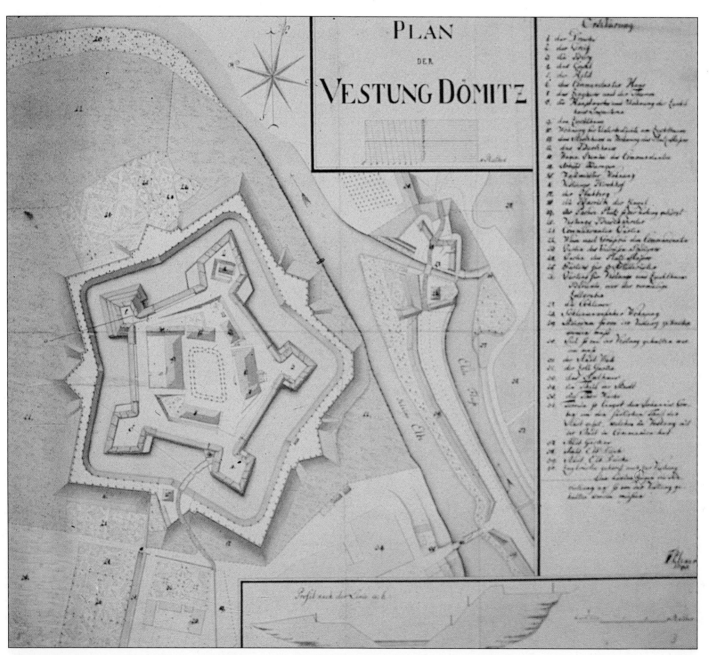

Festungsplan von J. Z. Plener 1795. Das Gebäude des Zuchthauses und die den Zuchthaushof umgebende Mauer sind auf der südwestlichen Seite der Festungshofbebauung gut ersichtlich. Die im Profil dargestellte Bastion „Drache" ist mit zwei Palisadenzäunen gesichert.

Die Festung Dömitz im Befreiungskrieg gegen die napoleonische Fremdherrschaft

Auch Mecklenburg wurde 1806 zum Kriegsschauplatz bei der Besetzung des Landes durch die napoleonischen Truppen. Das Land Mecklenburg wurde durch Napoleon zum feindlichen Gebiet erklärt und die mecklenburgischen Garnisonen und Truppenverbände aufgelöst. Die Festung Dömitz, besetzt mit einer ca. 60 Mann starken Kompanie, die zur Bewachung der Zucht- und Tollhausinsassen notwendig war, war aber für das französische Heer keine Gefahr und blieb bestehen. 1808 mußte auch der mecklenburgische Herzog dem Rheinbund beitreten, und das Land verpflichtete sich, für das französische Heer ein Kontingentsregiment von 1900 Mann aufzustellen.

Diese neu aufgestellten Bataillone erhielten 1809 als ersten militärischen Auftrag, den Zug der Schillschen Truppen nach Norddeutschland aufzuhalten. In der Hoffnung, in der Festung Dömitz einen wehrhaften Punkt an der Elbe zu finden, führte der preußische Major Ferdinant von Schill seine Soldaten an der Elbe entlang nach Mecklenburg. Am 15. Mai 1809 wurde die schwach besetzte Festung, kommandiert durch den Major von Röder, nach einem überraschenden Angriff besetzt. Die Hoffnung Schills, Dömitz militärisch gegen die von der Weser heranrückenden französisch-holländischen Verbände des Generals Gratien zu nutzen, mußte er nach einer Besichtigung der Stadt und der Festung aufgeben. Der schlechte bauliche Zustand, die vernachlässigten Festungs- und Wallanlagen und vor allem die mangelhafte Bewaffnung der Festung machten dieses unmöglich. Auf der Festung befanden sich bei Schills Eintreffen nur noch zwanzig Geschütze, von denen nur drei noch tauglich waren. Zur Verbesserung der Verteidigungsmöglichkeit befahl Schill aber trotzdem aufwendige Instandsetzungsarbeiten. Zu den angeordneten Armierungsarbeiten an der Stadt und Festung wurden große Mengen von Baumaterial herangebracht. Zur Instandsetzung der Wallanlagen waren umfangreiche Schanzarbeiten notwendig, zu deren Ausführung die Bevölkerung aus Dömitz und den umliegenden Orten herangezogen und zwangsverpflichtet wurde. Den Armierungsarbeiten fielen auch 400 Obstbäume zum Opfer, die abgeholzt werden mußten, um freies Schußfeld zu bekommen.

Am 18. Mai verließ Schill mit seinen Truppen Dömitz und zog über Hagenow weiter in Richtung Wismar. Zur Verteidigung der Festung hinterließ Schill den Leutnant Karl von Francois mit einer geringen Anzahl von Soldaten.

Major Ferdinant von Schill (1776–1809)

Karl von Francois (1785–1855)

Major Adolf von Lützow (1782–1834)

Die bis zum 23. Mai an das westliche Elbufer bei Dömitz herangerückten französisch-holländischen Truppen belagerten am Vormittag des gleichen Tages die Stadt und die Festung mit einem starken Artilleriefeuer. 44 Häuser der Stadt brannten bei diesem Bombardement nieder. Karl von Francois und die Festungsbesatzung mußten kapitulieren und verließen Dömitz. Nachmittags besetzten die französisch-holländischen Truppen die Stadt und die Festung Dömitz. Im Frühjahr 1813 führten die Kampfhandlungen der Befreiungskriege erneut große Militärverbände an die Elbe und auch nach Dömitz. General Wallmoden, seit dem 16. April in Dömitz, beorderte die Lützower Jäger und freiwilligen mecklenburgischen Truppen nach Dömitz. Am 11. Mai setzten die Lützower mit Hilfe einer Pontonbrücke über die Elbe, und im Waldgebiet der Göhrde stießen sie mit französischen Truppen zusammen. Trotz des erfolgreichen Ausganges des Gefechtes zogen sich die Lützower zunächst wieder nach Dömitz zurück. Am 14. September überschritten die Lützower erneut die Elbe, und am 16. September ereignete sich an der Göhrde eines der bedeutendsten Gefechte zwischen den Lützowern, verbündet mit einem englisch-deutschen Husarenregiment, und den französischen Truppen.

Die Lützower Jäger beim Übergang über die Elbe im September 1814, dargestellt 1912.

Die Festungsanlage hatte aufgrund der Weiterentwicklung in der Waffentechnik und der veränderten Gefechtsstrategien erheblich an Bedeutung verloren. Als Garnisonsstandort und zur Einquartierung und Verpflegung von Truppenverbänden und auch zur Kontrolle des Elbüberganges blieb aber die Bedeutung der Festung noch bis zum Ende des 19. Jahrhunderts erhalten.

Fritz Reuter als Staatsgefangener in Dömitz

Der heute bekannte und bedeutende mecklenburgische Schriftsteller und Dichter Fritz Reuter mußte vom März 1839 bis zum 25. August 1840 die letzte Zeit seiner Festungshaft in der Dömitzer Festung verbüßen. Obwohl als Demagoge und Hochverräter verurteilt und als Staatsgefangener eingeliefert, kam Fritz Reuter nicht in das Zuchthaus, sondern bewohnte in dem Kasernengebäude mit der Hauptwache ein Zimmer, das ihm seine damals in Dömitz lebende Tante einrichten durfte.

Der Gründer und langjährige Museumsleiter Karl Scharnweber hat sich bei der Erforschung und Dokumentation der Regionalgeschichte in besonderem Maße mit der Literatur und Lebensgeschichte des Dichters Fritz Reuter beschäftigt. Seine Aufzeichnungen zu Fritz Reuters Zeit als Staatsgefangener in der Dömitzer Festung sollen an dieser Stelle, wegen ihrer Originalität und eindrucksvollen Schilderung, wiedergegeben werden.

„Als Fritz Reuter im Juni 1839 von einem preußischen Gendarmen von Graudenz über Berlin nach Dömitz gebracht wurde, lagen schon sechs Jahre schwere Kerkerhaft hinter ihm. Er war zum Tode verurteilt und dann zu 30 Jahren Festungshaft ‚begnadigt' worden. Und weswegen? Er sagt selber: ‚...weil ich auf einer deutschen Universität mit den deutschen Farben umherging.' Seine Mitgliedschaft zur Jenaer

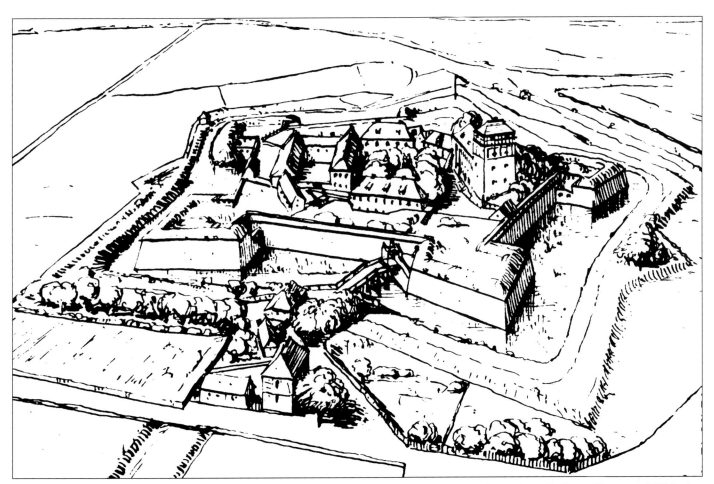

Ansicht der Festung aus östlicher Richtung, in diesem baulichen Zustand wird auch Fritz Reuter 1839 die Dömitzer Festung erlebt haben.

Burschenschaft hatte den preußischen Gerichten genügt, ihn als Demagogen, als Volksverhetzer zu bezeichnen, zu verhaften und zu verurteilen. Nach den Jahren der Festungshaft in Preußen, die voller Demütigungen und Schikanen gewesen waren, kam Fritz Reuter nun durch Vermittlung des mecklenburgischen Großherzogs in die Festung Dömitz. Äußerlich wurde Reuters Lage nun mit einem Schlage wesentlich besser. Seine Heimat nahm ihn mit Freundlichkeit auf. Ein Bruder von Reuters Vater war in Dömitz Rektor der Stadtschule gewesen. Seine Witwe, also die Tante Fritz Reuters, lebte noch in Dömitz und hatte vom Kommandanten der Festung die Erlaubnis erhalten, für ihren Neffen ein Zimmer in der sogenannten Wache herzurichten. So fand dieser hier also keine vergitterte Kasematte vor, sondern ein bequemes Zimmer, das vor allem zu seiner Freude keine „schwedischen Gardinen" hatte.

Kommandant der Festung war damals der 72jährige Oberstleutnant von Bülow, ein rüstiger, gutmütiger, alter Herr. Er empfing den Staatsgefangenen sehr wohlwollend und ließ sich bei einem Glase Wein die Erlebnisse Reuters auf den anderen Festungen erzählen. Er lud ihn zum Schachspiel ein und stellte ihn seiner Familie vor. Von diesem herzlichen Empfang war Reuter tief beeindruckt. Das hatte er nach den schlimmen Erfahrungen der dunklen Jahre nicht erwartet. Sein Lebensmut erwachte aufs neue. Doch alle Freundlichkeit konnte ihn nicht darüber hinwegtäuschen, daß er nur ein Gefangener war, dem das Wichtigste, die Freiheit, fehlte. Die Kommandanturbefehle dieser Zeit zeigen, daß der Oberstleutnant immer bemüht war, Reuter möglichst viele Erleichterungen zu gewähren. So durfte er täglich für einige Stunden die Festung verlassen, in der Stadt ungehindert umhergehen, seine Tante besuchen, ja selbst zum Baden an die Elbe gehen. „Freiheiten" konnte der Kommandant Reuter zwar gewähren, doch die Freiheit selbst nicht, und gerade danach sehnte sich dessen Herz immer stürmischer. Daher war es für Reuter nahezu niederschmetternd, als er erfuhr, daß man beim Regierungswechsel in Preußen alle seine ehemaligen Mitgefangenen am-

Festungskommandant Oberstleutnant Christian von Bülow (1767–1850)

Frieda von Bülow (1822–1894), Jugendliebe Fritz Reuters während der Festungszeit in Dömitz, dargestellt in einer Pastellzeichnung von Fritz Reuter.

nestiert hatte, ihn jedoch, der nun in Mecklenburg saß, vergessen hatte. Vier bange Wochen noch mußte Reuter durchleben, bis auch ihn im August 1840 das Schreiben der Schweriner Kanzlei erreichte, daß er nunmehr endgültig frei sei und niemand ihm etwas zu befehlen habe."

In seinem Roman „Ut mine Festungstid" beschreibt Fritz Reuter 1862, zweiundzwanzig Jahre nach seiner Festungshaft, seine Zeit in Dömitz folgendermaßen:

„So sach dat in Doems ut, as ick des Nahmiddags Klock drie in den Jehannsmand ein dusend acht hunnert un negen un dörtig oewer de Stadtbrügg führte, un de Schandor den Brüggentoll betahlte. - As ick in den Gasthus' ankamen was, treckte ick mi en ganzen nagelnigen swarten Kledrock un swarte Hosen an - de hadd ick mi in Gr... up de Letzt noch maken laten, dat ick minen Großherzog Paul Fridrich doch kein Schann' makte, un hei doch keinen Lumpen in't Land kreg' - un lep minen Schandoren weg, nah 'ne Tanten von mi, de as Wittfru dor wahnte un mi mit alle moegliche Fründlichkeit upnamm. - Dunner! wat was ick för'n Kirl worden! - En swarten Liwrock hadd ick up den Liw', in de Tasch hadd ick Geld - Franzing, weitst noch? - in't Gewissen hadd ick de königlich preußsche Urphede, un nu hadd ick noch 'ne gaude Tanten för de Nothfäll; oewer den preußschen Schandoren hadd ick doch noch up de Hacken. Hei grep mi hir wedder, un nu hülp dat nich, ick müßt mit up de Festung.

Ick satt hir in Doems nu oewer fiwvirtel Johr, un vel let sich dorvon noch vertellen; oewer't würd in'n Ganzen dorup herunte kamen, dat mi de meckelnborgsche Regirung allens Moegliche tau Gauden ded, un dat ick't bi minen ollen braven Kummandanten so gaud, as Kind in den Hus hadd; oewer wat helpt dat All? De Friheit fehlte, un wo de fehlt, sünd an de Seel de Sehnen dörchsneden.

Fridrich Wilhelm III. sturw 1840, un wat sin Soehn was, Fridrich Wilhelm IV. let 'ne Amnestie för all de Demagogen utgahn, un in de Zeitungen stunn tau lesen, wo sei allentwegen fri kamen wiren; oewer mi hadden sei vergeten; ick müßt ruhig wider sitten; de Preußen dachten nich an mi, un de Meckelnbörger dürwten mi nich gahn laten. Ach, wat

Darstellung Fritz Reuters nach der Entlassung aus der Festungshaft in Dömitz. Mit seinem Hund „Schüten" geht er auf die Wanderschaft in seine Heimatstadt Stavenhagen.

Blick auf die Hauptwache der Festung, in diesem Gebäude befand sich im oberen Stockwerk das Zimmer für Fritz Reuter.

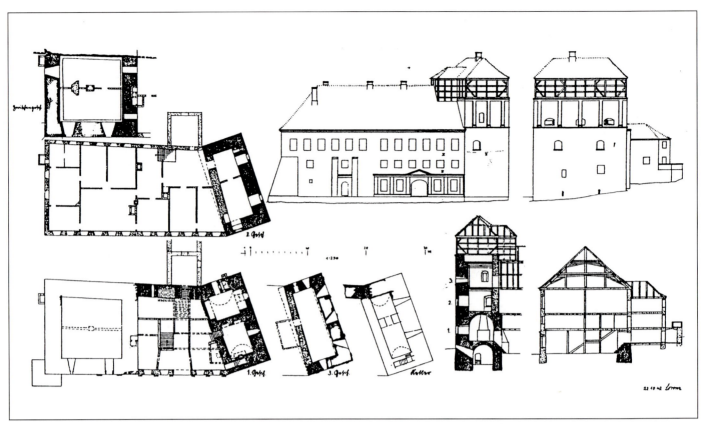

Darstellung des Kommandantenhauses der Festung vor 1850, Zeichnung von A. F. Lorenz 1942.

Stadtansicht aus nördlicher Richtung um 1845. Der hinter dem Wall aufragende Festungsturm ist noch mit den Fachwerkaufbauten und dem Walmdach gezeichnet. 1865 ist das Turmdach durch einen massiven Uhrturm ersetzt worden. Die Stadtdarstellung ist eine kolorierte Lithographie, der Zeichner ist nicht angegeben. Gedruckt wurde die Stadtansicht vom Verlag der Tiedemannschen Hof-Steindruckerei Rostock.

sünd mi de vir Wochen lang worden! - Eines Dags oewer - ick was en beten utgahn - kamm mi en Unteroffizier nah tau lopen: „Herr Reuter, Sei soelen fix nah den Herrn Gerichtsrath Blankenberg kamen, för Sei is wat ankamen; Sei kamen fri." - Ick güng taurügg, ick güng an en swartes Stakettengelänner vörbi, de deipe Nahmiddags-Sünn schinte grell dörch de swarten Stäw', dat fung an mi vör de Ogen tau flirren; ick müßt mi fast hollen. Ick kamm tau den Gerichtsrath, hei oewergaww mi en Schriewen: ‚Hir, Sei sünd fri, Sei koenen, as Sei gahn und stahn, von de Festung gahn, Keiner hett Sei wat tau befehlen.` - Un dor stunnt'; Paul Fridrich hadd't up sin eigen Hand dahn, ahn de Preußen tau fragen, un as ick nah acht Dag' all bi minen ollen Vader tau Disch satt, kamm en schönen Breif von den Herrn Justizminister Kamptz, worin de em meldte, ick würd nu ok bald an't Hus kamen. Ja, 't was recht fründlich von em, blot dat 't en beten tau lat kamm.

Ick säd Adjüs bi minen Herrn Oberstleutnant un bi annere gaude Lüd' in de Stadt, packte mine soeben Saken un gaww sei mit Frachtgelegenheit. Den annern Morgen Klock vir namm ick en lütten Ränzel up den Puckel, bunn minen lütten Hund an de Lin', dat de Soldaten em mi nich weglockten, un güng as en frien Mann ut dat Dur, nah de Fenzirsche Moehl hentau."
(Entnommen aus „Reuters Sämtliche Werke", Fünfte Auflage, Vierter Band, Hinstorff'sche Hofbuchhandlung Verlagsconto, Wismar, 1904, Olle Kamellen II: Ut mine Festungstid, Seite 218, Seite 223-225.)

Die Erneuerung der Festung von 1851 bis 1865

Die Neuordnung der mecklenburgischen Truppen nach preußischem Vorbild, der Ausbau der mecklenburgischen Garnisonsstandorte und die Revolutionsereignisse des Jahres 1848 veranlaßten den mecklenburgischen Großherzog Friedrich Franz II., die Festung Dömitz noch einmal umfangreich zu erneuern. Von 1851 bis 1865 wurden die Bastionsmauern und Kurtinen ausgebessert, stellenweise auch ganz neu aufgemauert. Die hölzerne Brücke am Festungseingang und das Vortor wurden repariert. Die Außenmauern, auch Facen genannt, der Bastion „Drache" waren seit Beginn des 18. Jahrhunderts eingestürzt und nur mit einer steilen Böschung wiedererrichtet worden. Daher entstand auf der Bastion „Drache" eine zusätzliche Mauer mit Wachtürmen, Schießscharten und einer Zugbrücke vor dem Durchgangstor, um den Zugang zwischen der Bastion und dem Festungsinnenhof zu sichern. Die Gebäude im Festungshof bekamen im Zuge der Sanierungsarbeiten ihr heutiges Aussehen. Der Festungsturm am rechten Giebel des Kommandantenhauses bekam, dem Zeitgeschmack des Historismus entsprechend, einen neuen Aufbau mit Zinnenkranz und einen Uhrturm in der Mitte.

Im Abschlußbericht vom 21. November 1865 heißt es, daß der Festungsgraben ausgehoben und längs der Eskarpe reguliert war, daß die Erdwerke in allgemein schlechtem Zustand wären, daß Nachpflanzungen von Bäumen nötig wären, daß die Brücke in gutem Zustand sei, daß alle Kasematten in vorzüglichem Stande wären und daß die Gedenktafel vorschriftsmäßig ausgeführt wurde. Diese Gedenktafel, die an die Rekonstruktion in den Jahren 1851 bis 1865 erinnert, befindet sich neben dem Eingangstor in der Wand der Kurtine der Festung.

Bei dem schweren Hochwasser im März 1888 diente die Festung als Zufluchtsort für die Stadt- und Landbevölkerung von Dömitz. Die Eis- und Wassermassen des Hochwassers beschädigten die 1865 neu errichtete Holzbrücke zur Festung.

Trotz der Erneuerung an den Festungswerken und den großen Investitionen im Verlauf des 19. Jahrhunderts waren die Bedeutung und der militärische Wert der Festung am Ende des Jahrhunderts so gering, daß die Festung 1894 als militärisches Objekt aufgelöst wurde. Der letzte Festungskommandant, der Oberst von Matthiessen, zog 1894 mit seiner Garnison ab und wurde Kommandant in Schwerin.

In dem Ludwigsluster Wochenblatt erschienen im Januar 1894 dazu zwei Mitteilungen: Am 4. Januar: Manchen werden öfter auf unserm Bahnhofe das Dömitzer Wachtkommando gesehen haben, die Festungswache beziehend oder wieder abrückend; zuweilen hatten die kommandierten Mannschaften hier längere Wartezeit, und man sah dann wohl die zusammengestellten Gewehre und die abgelegten Tornister. Gestern Nachmittag um 5 Uhr passierte die letzte Wache, Grenadiere auf der Rückreise nach Schwerin, unsere Stadt, ohne von einem andern Trupp abgelöst worden zu sein, „Festung Däms" ist nur noch eine mecklenburgische Erinnerung.

Der Festungsplan von 1853, angefertigt von Secondlieutnand Allmer, zeigt den desolaten Zustand der Festungsanlagen. Der Festungsgraben ist in großen Bereichen verschüttet, auch die Bastionsmauern und die Kurtinen fehlen oder sind nur schwach dargestellt.

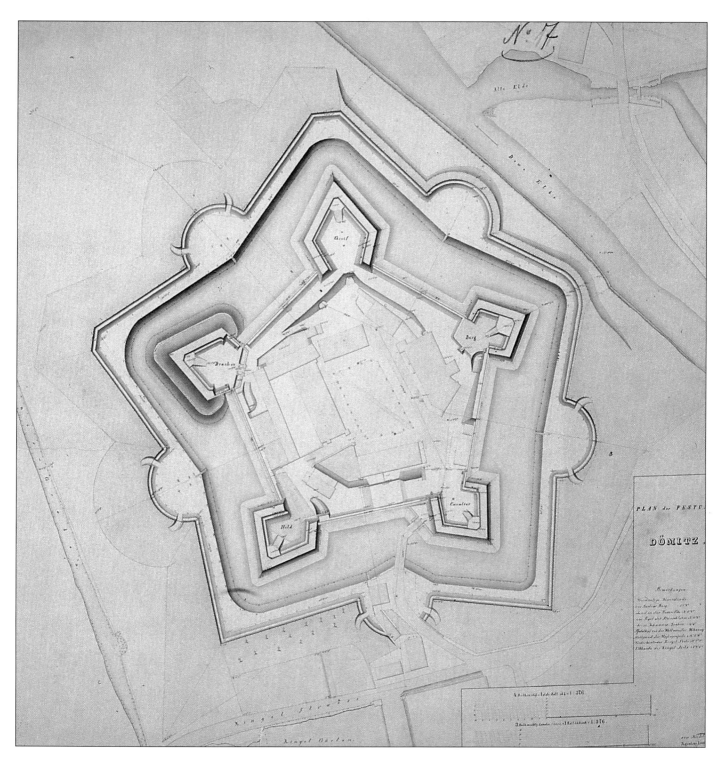

Grundrißplan der Festung nach den Erneuerungsarbeiten an der Festungsanlage. Gezeichnet von dem Ingenieur Lietnant Kuhlwein im Oktober 1864. Zu diesem Plan bestehen sechs weitere Detailpläne mit der genauen Darstellung der instand gesetzten Bastionen, Kasematten und Wallanlagen.

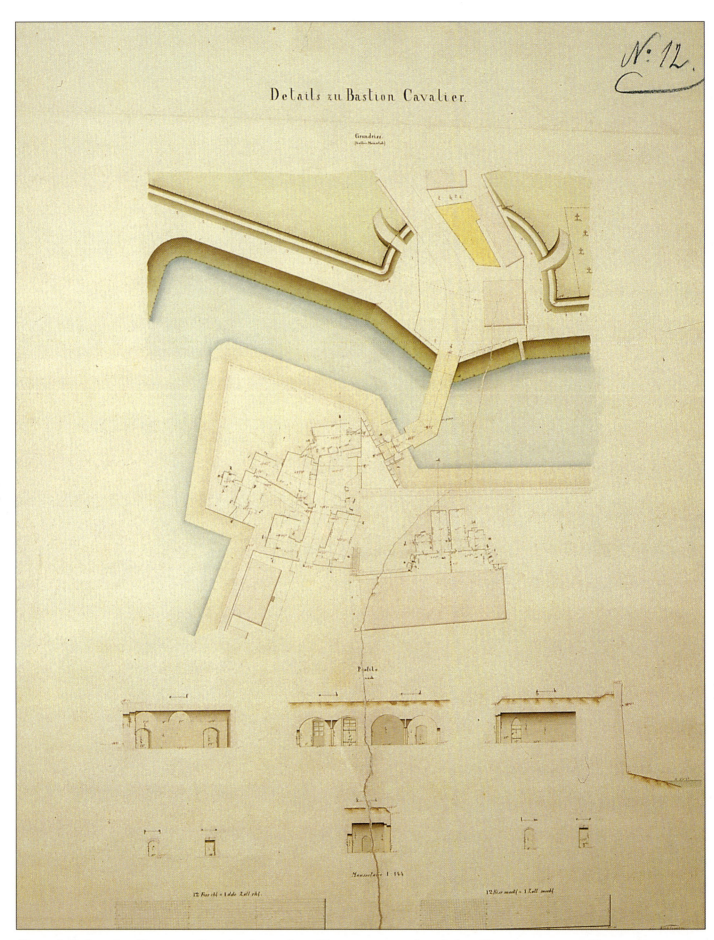

Grundrißplan der Bastion „Cavalier" mit dem Eingangstunnel und den Kasemattengewölben.

Profilzeichnungen zu den Kasemattenanlagen in der Bastion „Cavalier" sowie der Zugbrückenkonstruktion vor dem Eingangstor der Festung.

Das ehemalige Zeughaus wurde nach dem Umbau 1865 auch als Kasernengebäude genutzt.

Als zusätzlicher Schutz wurde auf der Bastion „Drache" eine Mauer mit Schießscharten und Postentürmen sowie eine Zugbrücke vor dem Durchgangstor errichtet.

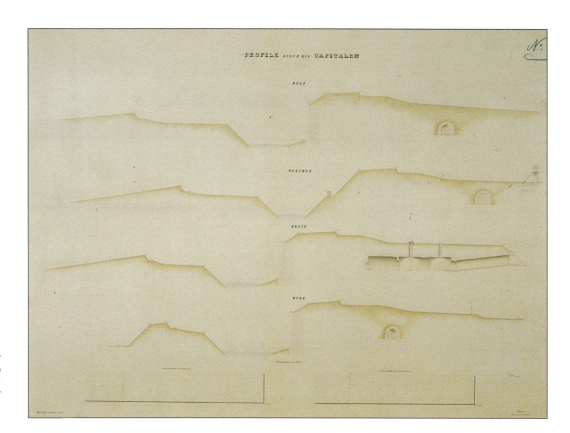

Profilzeichnungen der Wall-, Graben- und Bastionsbereiche der Festungsanlage.

Außenmauer der Bastion „Cavalier". In der Wand befinden sich halbkreisförmig eingemauerte Kanonenkugeln, die bei der Mauersanierung 1865 eingesetzt wurden. Seit 1832 gehörte eine Unteroffiziersschule zur Garnison der Festung Dömitz. Die Kanonenkugeln sollten in dieser Anordnung den Auszubildenden als Beispiel für einen wirkungsvollen Beschuß von Festungswänden dienen.

Erinnerungstafel für die Festungserneuerung von 1851 bis 1865; sie befindet sich mit einer Sandsteinumrahmung in der Kurtine neben dem Haupteingang der Festung.

Das Ludwigsluster Wochenblatt schrieb weiter am 6. Januar:
In Ausführung des Beschlusses, das hiesige Festungsgefängnis mit Neujahr aufzulösen, wurde heute Mittag sämtliche in demselben befindlichen Militärgefangenen - es waren 23 Mann - unter militärischer Begleitung, welche von dem Sekondeleutnant v. Borcke vom Grenadier-Regiement Nr. 89 befehligt wurde, nach dem Bahnhof geführt, hier sogleich in einen bereitstehenden Eisenbahnwagen verladen und mit dem bald darauf eintreffenden Mittagszug über Wittenberge in das Festungsgefängnis zu Spandau übergeführt. Die somit nun vollzogene Auflösung des hiesigen Festungsgefängnisses ist für die Stadt ein nicht gering anzuschlagender Verlust. So mancher Geschäftsmann büßt Lieferungen für das Gefängnis ein; mit den Mannschaften des Sicherheitskommandos waren es doch immerhin 50 bis 60 Menschen, deren Bedürfnisse durchweg im Orte bestritten wurden. Auch wird sich künftig der Mangel an Arbeitskräften sehr fühlbar machen, da die zum Wachkommando gehörenden Mannschaften vielfach von den Einwohnern zu mancherlei Arbeiten gern angenommen wurden. Der Festungskommandant, der Rechnungsführer und der Wallmeister sind einstweilen noch hier verblieben. Ueber die fernere Gestaltung der Zukunft dieser Personen ist ihnen bisher etwas bekannt, wie darüber, was künftig mit dem hiesigen Festungsterrain, den dazu gehörigen großen Ländereien und Gärten, den zahlreichen auf demselben befindlichen Gebäuden usw. angefangen werden soll.

In der Stadt hofft man, daß irgend eine militärische Anstalt in die Festung verlegt und dadurch der Stadt Ersatz gewährt werde für den ihr nun zugefügten ganz ansehnlichen Verlust.

Das Kommandantenhaus der Festung mit der Turmdachgestaltung von 1865, fotografiert um 1900.

Die Säulen und die Überdachung am Nordgiebel des großen Kasernengebäudes wurden 1865 mit errichtet, als in diesem Gebäude die Hauptwache der Festung eingerichtet wurde.

Die zivile Nutzung der Festung nach 1894

Nach der Aufhebung der Festung Dömitz als militärisches Objekt und dem Verlegen der Garnison nach Schwerin entstand die Frage nach der Nutzung dieses großen Gebäudekomplexes und der dazugehörenden Bastions- und Wallanlagen. Da das mecklenburgische Militär die Festungsanlagen nach der umfangreichen Rekonstruktion von 1851 bis 1865 in einem recht guten baulichen Zustand verlassen hatte, boten sich vor allem die Gebäude der Festung für eine sofortige zivile Weiternutzung an. Das große ehemalige Kommandantenhaus, die Hauptwache und das kleine Gebäude rechts des Innentores an der nordöstlichen Kurtine, das ehemalige Gefängnis für Deserteure (Militärgefängnis), wurden nach 1894 zu Wohnungen umgestaltet und von Mietern bezogen. Das ehemalige Zeughaus, Stockhaus und zuletzt auch Wohnhaus des Platzmajors und des Festungspredigers wurde zu einem Großherzoglichen Amt, also als Verwaltungsgebäude für den Amtsbereich Dömitz eingerichtet. Dem ersten Beamten des Großherzoglichen Amtes wurde in dem Kommandantenhaus eine Wohnung zugewiesen. Das große dreistöckige Gebäude des Zucht- und Irrenhauses an der Südseite des Festungshofes hat keine neue Nutzung bekommen. Die Einteilung der Räume, vor allem aber der schlechte bauliche Zustand des Hauses führten dazu, daß das gesamte Gebäude abgerissen werden mußte. Die letzten Gebäudereste, der südwestliche Verbindungsflügel mit der ehemaligen Wohnung des Speisemeisters, der Webstube und Calfactorwohnung, wurden im Jahr 1902 abgebrochen.

Der Festungseingang mit der 1865 wiederhergestellten Holzbrückenkonstruktion vor dem Tor.

Der beim Abbruch des Zuchthauskomplexes anfallende Steinschutt wurde unmittelbar vor der Festung, vor dem Festungstor aufgeschüttet, um die Holzbrücke am Festungseingang zu ersetzen. Die Holzbrückenkonstruktion, errichtet erst bei der Festungserneuerung 1865, war bei dem schweren Frühjahrshochwasser im März 1888 durch die Wassermassen und das Treibeis stark beschädigt worden.

Da bis zur Jahrhundertwende keine Reparatur der Brücke erfolgt war, wurde nun mit dem Steinschutt des Zuchthauses die Brücke durch einen massiven Damm mit gepflastertem Fahrweg zur Festung ersetzt. Nur die gußeisernen Seilrollen in der 1865 errichteten backsteinernen Torbefestigung erinnern heute an die lange Brückenkonstruktion, zu der auch eine Zugbrücke vor dem Tor gehörte.

Mit der Umnutzung der Festungsgebäude für zivile Zwecke erfolgte auch eine andere Bewirtschaftung der Festungswallanlagen und der zur Festung gehörenden Ländereien. Das Gelände des Festungswalles, das ehemalige Glacis, ist zu großen Teilen als Garten- und Weideland an die Dömitzer Stadtbevölkerung vergeben worden.

Der „gedeckte Weg", der Kontereskarpe, wurde zu einem Spazierweg um die Festungsanlage. Die halbkreisförmigen Waffenplätze im Festungswall und auch die Geschützstellungen auf den fünf Bastionsanlagen der Festung wurden ebenfalls zu Gartenland. Der Soldaten- und Garnisonsfriedhof zwischen dem Zingelweg und dem südöstlichen Festungswall blieb zunächst erhalten und wurde als Friedhof und Parkanlage weiter gepflegt.

Die Fotografie, um 1890, zeigt das Großherzogliche Amt im ehemaligen Zeughaus und die dahinter befindlichen Gebäudereste des Zucht- und Irrenhauses.

Die Geschützplattform der Bastion „Drache" wurde schon vor 1900 zu einer Grünanlage umgestaltet.

Festungseingang vor 1900

Das Gebäude der ehemaligen Unteroffiziersschule vor der Festung wurde für eine städtische Gewerbeschule, eine Schiffer- und Kaufmannsschule, eingerichtet. In Zeitungsberichten der dreißiger Jahre dieses Jahrhunderts ist schon von einer Jugendherberge in dem ehemaligen Kommandantenhaus auf der Festung die Rede. Welche Räume dazu gehörten und durch wen diese eingerichtet wurden, ist aber nicht überliefert.

Der Festungshof und die Abbruchstelle des Zuchthausgebäudes sind zwischen 1920 und 1930 zu einem Fest- und Versammlungsplatz umgestaltet worden. Auf dem Hofplatz wurde eine Rasenfläche und auf dem Standort des ehemaligen Zuchthauses eine kleine Freilichtbühne angelegt. Noch vorhandene Gebäudereste, Fundamente und Kellergewölbe wurden dabei einplaniert oder zugeschüttet.

Ansicht der Kommandantenhausfassade um 1890. Über dem Festungstor befinden sich auf der Bastionsplattform „Cavalier" noch zwei der letzten Festungskanonen.

Ansicht der Hauptwache nach Einrichtung der zivilen Wohnungen.

Gartenanlagen an der westlichen Kurtine der Festung.

Wallmeisterhaus und Festungseingang

Parkanlagen auf dem elbseitigen Festungswall

Ansichtskarte vom Festungshof um 1912. Fotograf H. Scholz, Dömitz.

Ansichtskarte mit der Darstellung des Kommandantenhauses um 1910.

Gesamtansicht der Festung in einer kolorierten Ansichtskarte von 1910, Verlag von E. Mattig, Dömitz.

Wurden schon bei der Erneuerung der Festung im 19. Jahrhundert viele ursprüngliche militärtechnische Architekturelemente verändert oder beseitigt, so führte die Umnutzung der Festungsanlagen und die zivile Bewirtschaftung nochmals zum Verlust vieler Details an den Bastions- und Kasemattenanlagen sowie den Gebäuden.

Im Zusammenhang mit dem Bau der Elbstraßenbrücke und dem dann zu erwartenden Autoverkehr und den touristischen Besuchern der Stadt wurden schon 1934 Pläne für eine Verschönerung der Stadt und für die Verbesserung der Fremdenverkehrswerbung veröffentlicht. Zu den geplanten Vorhaben gehörte auch eine touristische Erschließung der Festungsanlagen. Es sollten die Wallanlagen und der Weg um die Festung verbessert werden. Die Torkonstruktion und die Mauer auf der Bastion „Drache" und am Festungseingang sollten abgebrochen und auf dem Festungsturm sollte ein neues, mehr dem historischen Vorbild entsprechendes Turmdach errichtet werden. Von den genannten Vorhaben wurde aber nur die Veränderung des Turmdaches ausgeführt. Unter der Leitung des Regierungsbaurates A. F. Lorenz sind die Turmaufbauten von 1865, der Uhrturm und der Zinnenkranz, abgebrochen und ein neues hohes Giebeldach auf den Turm aufgesetzt worden. Die Bauarbeiten wurden von der Dömitzer Baufirma David Holzgreve ausgeführt. In dem hohen Turmdach entstanden zwei neue Etagen. Auf der stadtseitigen Dachfläche wurde über den Fenstern auch wieder eine Turmuhr eingebaut.

Festungsansicht von Nordwesten, auf der Bastion „Burg" die Fahne des Arbeitsdienstes.

Die Politik und die Organisation des nationalsozialistischen Deutschlands brachte auch für die Festungsanlage in Dömitz eine neue Nutzung. In den Räumen der Jugendherberge, später auch im gesamten ehemaligen Kommandantenhaus, wurde 1937 ein Quartier für den weiblichen Arbeitsdienst eingerichtet. War der Arbeitsdienst zunächst freiwillig oder eine Voraussetzung für das Erlangen bestimmter Berufe oder Arbeitsplätze, so mußten die Frauen und Mädchen im Alter zwischen 17 und 25 Jahren, nach dem Gesetz zur Arbeitsdienstpflicht vom 4. September 1939, alle einen mehrmonatigen Arbeitseinsatz in den verschiedensten sozialen, wirtschaftlichen und auch militärischen Arbeitsbereichen leisten.
Die Arbeitsmaiden in Dömitz waren hauptsächlich in sozialen Bereichen wie der Hauswirtschaftshilfe und der Kinderbetreuung sowie in der Landwirtschaft der umliegenden Dörfer eingesetzt. Zur Einrichtung und

Frauen und Mädchen des Arbeitsdienstes, fotografiert am Hinterausgang des Kommandantenhauses.

Aufteilung des Kommandantenhauses als Wohnort für die Arbeitsmaiden ist nur wenig überliefert. Die Schlafräume befanden sich in dem oberen Stockwerk. Im Erdgeschoß waren Sanitärräume und im Turm ein Tages- und Essensraum.

Das Kommandantenhaus in einer Fotografie von 1940.

Essensraum der Arbeitsdienstfrauen im Turm der Festung.

Kasemattenraum in der Bastion „Burg". Der Phosphorstreifen am Mauerwerk erinnert an die Nutzung als Luftschutzraum für die Stadtbevölkerung.

Im Verlauf des zweiten Weltkrieges wurden auch in Dömitz Maßnahmen zum Schutz der Stadtbevölkerung getroffen. Die Kasematten in den Bastionsanlagen der Festung wurden als Luftschutzräume eingerichtet. Phosphorfarbstreifen an den Mauerwänden sollten die Orientierung in den Kasemattenräumen erleichtern. Reste dieser Farben sind noch heute auf dem Mauerwerk sichtbar. Splitterschutzmauern und verstärkte Türen sollten im Fall eines Beschusses oder Luftangriffes die Sicherheit in den Kasematten verbessern. Erst gegen Ende des Krieges erfolgten auch Kampfhandlungen im Bereich der Stadt Dömitz. Die Stadt und auch die Festung wurden Anfang Mai 1945 durch die von Westen heranrückenden amerikanischen Einheiten mit Artilleriefeuer beschossen. Die Einschläge der Granaten verursachten in der Stadt, vor allem in der Elbstraße und auch an der Festung, erhebliche Schäden. In den südwestlichen Festungsmauern sind bis heute die Granatsplitterschäden zu erkennen.

Granatsplitterschäden an der Bastion „Greif".

Einschlag einer Panzerfaustgranate in der östlichen Kurtine neben dem Haupteingang der Festung.

Die zur Elbe zeigenden Gebäudegiebel und die Fassade des Kommandantenhauses wurden ebenfalls durch einschlagende Granatsplitter beschädigt. Am 2. Mai 1945 wurde die Stadt durch den damaligen Bürgermeister Salzmann an die amerikanischen Truppen übergeben. Die bei Dömitz liegenden Einheiten der deutschen Wehrmacht, vorwiegend Pioniereinheiten an den Elbbrücken, sahen von einem Verteidigen der Stadt ab und vermieden somit noch weitere Zerstörungen in der Stadt und an der Festung.

Nach der Besetzung der Stadt durch die Amerikaner folgte schon einen Tag später der Einzug sowjetischer Truppen, die, aus östlicher Richtung kommend, an die Elbe heranrückten. Die Stadt wurde in zwei Bereiche, eine amerikanische und eine sowjetische Zone, geteilt. Die Festungsanlagen fielen zusammen mit dem Stadtzentrum in den Bereich der sowjetischen Zone. Die Festung wurde mit sowjetischen Soldaten besetzt, und im First des hohen Turmdaches wurde ein Beobachtungspunkt eingerichtet. Die Kasematten der Festung dienten in den folgenden Tagen und Wochen als Pferdeställe und Lagerräume für die verschiedensten Dinge. Schon während der letzten Kriegsmonate waren sehr viele Flüchtlinge und Vertriebene nach Dömitz gekommen. Viele wollten die noch bis zum 20. April 1945 intakten Elbbrücken zum Überqueren des Flusses nutzen, um dann die amerikanisch besetzten Gebiete zu erreichen. Nach der Zerstörung der Elbbrücken mußten aber auch die Menschen dieses Flüchtlingsstromes in der Stadt versorgt und untergebracht werden. Als Notquartiere wurden diesen Menschen auch die Räume in der Festungsanlage zugewiesen.

1946 kamen aus dem Gebiet der Tschechoslowakei Vertriebene und Umsiedler, teilweise mit Schiffen auf der Elbe, nach Dömitz. Die Räume und Wohnungen in den Festungsgebäuden wurden, soweit sie von den Flüchtlingen wieder verlassen waren, diesen Umsiedlern als Wohnraum angeboten. Viele der Umsiedlerfamilien richteten sich als ständige Mieter in den Wohnungen ein. Mit der Wohnraumnutzung in den Gebäuden erfolgte gleichzeitig auch wieder eine gärtnerische Bewirtschaftung der Bastionsanlagen. Lagerschuppen für Heizmaterial, Geräteschuppen und Ställe für die Unterbringung von Haustieren wurden überall auf den Bastionen und in den Gartenflächen entlang der Festungsmauern errichtet. Aus einfachstem Material errichtete Zäune und Absperrgitter teilten die gesamte Festungsanlage in eine Vielzahl von kleinen Parzellen und Gartenstücken.

Die wirtschaftliche Not der Nachkriegszeit, Gleichgültigkeit und Unkenntnis führten in den Gebäuden und auf den Bastionsanlagen der Festung zu vielen Beschädigungen und teilweise zum totalen Verlust von wertvoller Bausubstanz und wichtigen kulturhistorischen Details.

Nach dem Aufbau einer städtischen Wohnungsverwaltung und der Verringerung der auf der Festung wohnenden Familien durch Zuweisung anderer Wohnungen im Stadtbereich verbesserten sich die Wohnraumverhältnisse und auch die Lebensumstände innerhalb der Festung. Instandsetzungen und Sanierungen in den sechziger und siebziger Jahren innerhalb der Gebäude und Wohnungen durch die Mieter oder die Wohnungsverwaltung verbesserten nach und nach die Wohnungsqualität. Die Erneuerung von Fenstern und Türen, die Installation von neuen Elektroanlagen und das Einrichten von Badezimmern verbesserten die Wohnqualität, zeigten aber auch, daß das Einrichten und Unterhalten von Wohnraum in über hundertjähriger Bausubstanz sehr aufwendig, teuer und kompliziert war.

Das Gebäude der ehemaligen Hauptwache um 1946.

Das heutige Museumsgebäude um 1946.

Die Handhabung und Durchführung der Hausmüllentsorgung war lange Zeit ein Problem, das jeden Besucher der Festung schon am Tor „begrüßte".

Der Anspruch auf moderneres Wohnen erforderte Installationsarbeiten für neue Wasser- und Abwasseranlagen. Die Ausschachtungsarbeiten für die Kläranlage vor der Hauptwache im Oktober 1982 wurden mit einem Bagger durchgeführt und ließen keine Zeit für eine archäologische Untersuchung der Bodenschichten im Inneren der Festung.

Blick aus der Kasematte „Burg" auf den Festungsgraben und die Bastion „Greif".

Die Festung – ein Ort für Kultur, Kunst und Unterhaltung

Der Wunsch nach kultureller Betätigung und die Verantwortung für den Erhalt wertvoller kulturhistorischer Gegenstände zur Dokumentation der Heimatgeschichte führten zu Beginn der fünfziger Jahre zu den ersten Aktionen für eine regionalgeschichtliche Sammlung und deren Präsentation.

Der Lehrer und spätere Museumsleiter Karl Scharnweber begann schon im Herbst 1950, die Gedanken für eine regionalgeschichtliche Sammlung und Ausstellung den Dömitzer Einwohnern vorzustellen. In einem Vortrag zur Geschichte der Stadt, gehalten am 15. November im Volkshaus, dem späteren Kulturhaus, erläuterte er erstmals in der Öffentlichkeit die Pläne zur Einrichtung eines Heimatmuseums für die Stadt Dömitz. Dieser Gedanke fand in der Bevölkerung breite Zustimmung, und so brachten in den folgenden Wochen und Monaten viele Dömitzer Bürger Gegenstände von kulturhistorischem Wert für den Aufbau ihres Museums. Mit dem Entstehen der Sammlung ergab sich auch die Frage nach dem Ort und den Räumen für die Aufbewahrung und auch für eine zukünftige Ausstellung der Exponate. Um dem Charakter einer historischen Sammlung zu entsprechen, um eine möglichst geschichtsverbundene Atmosphäre zu schaffen und um die großen räumlichen Möglichkeiten auszunutzen, wurden die Räume im ehemaligen Kommandantenhaus der Festung als zukünftiger Standort für die Sammlung und für das damit entstehende Museum ausgewählt.

Am 17. September 1952 wurden die ersten drei Räume im ehemaligen Kommandantenhaus für ein Museum zur Verfügung gestellt. Die schon gesammelten Gegenstände, zeitweilig waren sie in den Schaufenstern des Kaufhauses schon ausgestellt worden, gelangten nun zur ständigen Aufbewahrung und Ausstellung in die Festung. Nach weiteren Raumzuweisungen im Mai 1953 wurde im Oktober desselben Jahres eine umfangreiche Bilder- und Gemäldeausstellung mit etwa 60 Exponaten aus Dömitz, aber auch schon mit Leihgaben aus Ludwigslust und Schwerin, eröffnet. Diese Ausstellung, von mehr als 800 Besuchern in zwei Wochen besichtigt, war der offizielle Beginn und die Gründung des Heimatmuseums Dömitz in der Festung.

Der Aufruf an die Stadtbevölkerung, den Aufbau des Museums zu unterstützen, blieb nicht ungehört..

Karl Scharnweber, Museumsgründer und Leiter des Museums bis 1987. Aufnahme in der stadtgeschichtlichen Ausstellung im Dezember 1986.

Das ehemalige Kommandantenhaus der Festung beherbergt seit 1953 das Museum der Stadt Dömitz. Aufnahme des Gebäudes von 1975.

Der Beginn einer kulturellen Nutzung und der Erhalt und die Pflege der Festungsanlagen, verbunden mit der Dokumentation und Publikation der kulturgeschichtlichen und militärhistorischen Bedeutung der Festung, war eine neue Nutzungsform, die den Bestand und die weitere Erhaltung der Festungsanlage ermöglichte.

Das Sammlungs- und Ausstellungskonzept des Museums erfaßte alle wichtigen Bereiche der Regionalgeschichte. Die chronologisch gegliederte Festungsgeschichte, die wirtschaftliche und bauliche Entwicklung der Stadt, die Kultur und Lebensweise der Bevölkerung sowie die Erforschung und Darstellung von Brauchtum und Traditionen in der Sprache und Mundart im südwestlichen Mecklenburg.

Ein besonders wichtiger Aspekt war hierbei die Forschung und Dokumentation zu Fritz Reuter. Eine Darstellung zu seiner Person und seiner Festungshaft, besonders die Zeit in Dömitz, bildeten die Schwerpunkte in der 1958 gestalteten Fritz-Reuter-Gedenkhalle im Turm der Festung. Die ehemaligen Räume der Garnisonskapelle konnten hier anspruchsvoll zu einer informativen Ausstellung eingerichtet werden.

Neues Museumsgut erreicht die Festung.

Fritz-Reuter-Gedenkhalle im Turm der Festung, eingerichtet 1958.

Fritz-Reuter-Büste in der Gedenkhalle, gefertigt von Friedrich Fuhrmann 1958 aus Sandstein.

Ausstellung zur Volkskunde der „Griesen Gegend".

Die Grünanlage im Festungshof vor dem Bau der Freilichtbühne 1960.

Die Dömitzer im freiwilligen Einsatz beim Anlegen der neuen Freilichtbühne.

Die Anlage der Freilichtbühne mit den Kulissen für die Aufführung der Fritz-Reuter-Festspiele 1960.

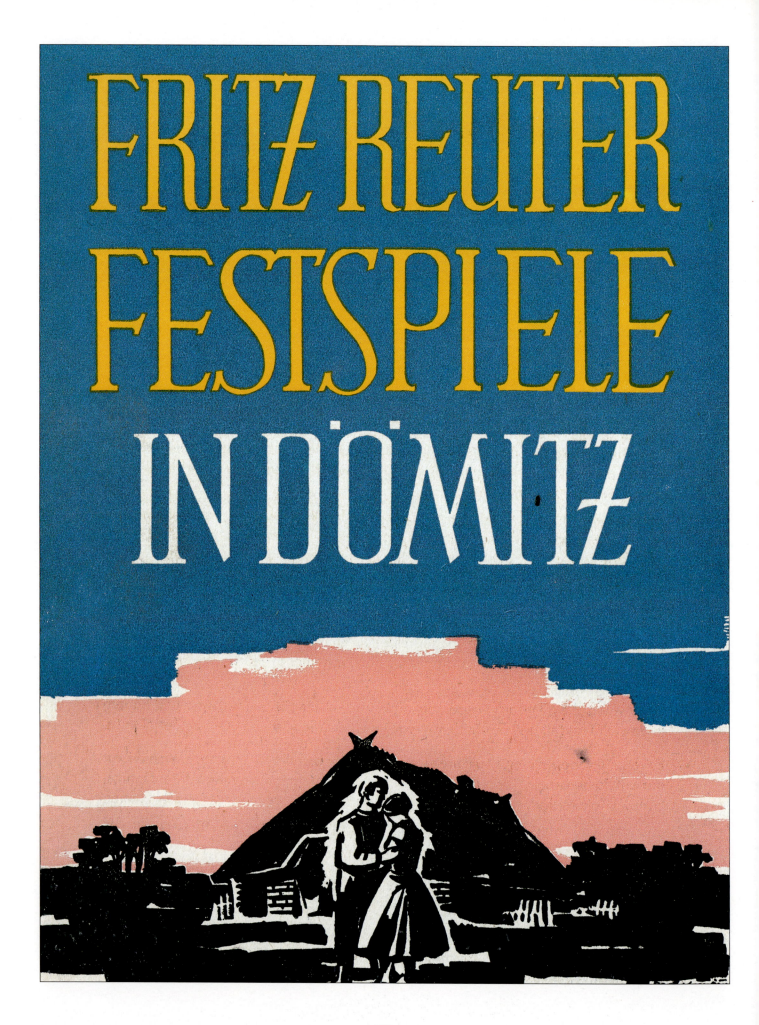

Die Pflege der niederdeutschen Sprache und die Würdigung der literarischen und schriftstellerischen Leistungen Fritz Reuters machten anläßlich seines 150. Geburtstages im September 1960 den Festungshof zum Austragungsort der Fritz-Reuter-Festspiele. Mit großem organisatorischem Aufwand, viel ehrenamtlichem Engagement und professioneller Unterstützung und Leitung erfolgten die Vorbereitungen zu diesem großartigen Festspielereignis. Für die Aufführung der zu Theaterstücken inszenierten Romane „Stromtid", „Franzosentid" und „Kein Hüsung" wurde in freiwilliger Arbeit, im Rahmen des Nationalen Aufbauwerkes (NAW), durch viele Dömitzer Bürger eine neue, große Freilichtbühne im Festungshof angelegt.

Die Verbindung durch die persönlich geleistete Arbeit, die Beteiligung bei der Organisation und dem Bestimmen des Inhaltes sowie das Erleben der eindrucksvollen Festspielaufführungen führte zu dem Wunsch, die Fritz-Reuter-Festspiele zu einem jährlichen kulturellen Höhepunkt auf der Festung werden zu lassen.

Eine Anzahl von ca. 16000 Besuchern bei den innerhalb einer Woche durchgeführten Veranstaltungen zeigte auch das große Interesse an der Pflege und Bewahrung der niederdeutschen Sprache und Literatur.

Die Arbeiten und Vorbereitungen, um die Fritz-Reuter-Festspiele zu einer alljährlichen Attraktion werden zu lassen, wurden aber schon ein Jahr später erheblich gestört. Die Errichtung der Staatsgrenze der DDR zur BRD und die Einrichtung eines fünf Kilometer breiten Sperrgebietes, das die gesamte Stadt Dömitz einschloß, machten Dömitz zu einer Stadt, die kaum noch von der Außenwelt zu erreichen war. Die im Sommer 1962 erneut inszenierten und aufgeführten Fritz-Reuter-Festspiele konnten nur noch von einigen hundert Besuchern verfolgt werden. Die Sperrzone mit den drastischen Einreisebeschränkungen und die politisch nicht mehr gewollte Entwicklung eines bedeutenden kulturellen Ortes im Sperrzonengebiet zerstörten alle Bemühungen, die Fritz-Reuter-Festspiele in der Festung Dömitz zu einer Tradition werden zu lassen.

Fritz-Reuter-Fier 1960

Wi will'n unsen Heimatdichter gedenken
dörch disse grot' Fritz-Reuter-Fier.
Väl köstlichen Humor ded he uns schenken,
doch, wi verdanken em noch miehr!

He ded all de dütschen Farben dragen,
dorvör hett he up Festung säten.
Wägen Hochverrat der'n s' em anklagen,
Dat dörben wir nie un nimmer vergäten!

Wenn wi nu Reuters Werke läsen,
denn warden wi so recht gewohr,
wu dunnmals dat bi uns ded wäsen,
blos Herrn un Knechte gew dat dor!

In „Kein Hüsung" hett he dütlich schräben,
Wu grot den'n Herrn sin Macht wier.
Den'n Knecht hett dat in 't Utland dräben,
un de Diern de erdrünk sick hier!

Doch, dunn wier dat noch nich sowiet.
He sorgte öwer dörch sin Schrift,
dat doch nah een gewisse Tied,
düss Tostand so bi uns nicht bliwwt!

Wi allemann können dat erläben,
wenn jeder deiht sin Schuldigkeit,
wat Reuter dunn all ded ansträben,
dat dat nu ward ok Würklichkeit!

11. 4. 60   W. Grimm

Fritz-Reuter-Festspiele in Dömitz im September 1960

Der Festungshof mit der Anlage der Freilichtbühne wurde in den folgenden Jahren oftmals zur Durchführung von politischen Massenveranstaltungen genutzt. Maidemonstrationen und Kundgebungen zum 7. Oktober, zum Gründungstag der DDR, oder Aufführungen der Schule und des Dömitzer Institutes für Lehrerbildung gehörten nun zu den häufigsten Veranstaltungen. Auch die Nationale Volksarmee und später die Grenztruppen der DDR nutzten die Festungsanlage in den sechziger Jahren für Großveranstaltungen. Die Vereidigung von neuen Grenzsoldaten und Ehrenappelle zu den verschiedensten Anlässen wurden auf dem Festungshof durchgeführt.

Einheiten der Nationalen Volksarmee bei einem Vereidigungsappell neuer Wehrpflichtiger im Festungshof 1963.

Demonstrationszüge und Veranstaltungen zum 1. Mai wurden seit den siebziger Jahren häufig zur und in der Festung durchgeführt.

Auch unter den Einschränkungen und einer kaum möglichen Öffentlichkeitsarbeit im Sperrzonengebiet wurden die Arbeiten zur Erweiterung der Museumssammlung und auch der Ausstellung fortgesetzt. Besonders das eifrige Sammeln von musealen Gegenständen und die weitere Einrichtung von freigezogenem ehemaligem Wohnraum im Museumsgebäude führten zu einer wachsenden Bedeutung und Anerkennung des Museums. Der Kreis der Natur- und Heimatfreunde, die Arbeitsgemeinschaft „Junge Historiker" und der Museumsbeirat waren wichtige Helfer und gute „Verbündete", die an der Entwicklung des Museums maßgeblichen Anteil hatten.

Anläßlich der 400-Jahr-Feier der Festung 1965 halfen die „Jungen Historiker", gekleidet in historischen Uniformen als Lützower Jäger und Franzosen, bei den Arbeiten und der Besucherbetreuung im Museum.

Die Beiratsmitglieder während einer Besprechung der geplanten Museumsarbeiten.

Im Zusammenhang mit der Einführung des „Kleinen Grenzverkehrs" zwischen den benachbarten Grenzkreisen der BRD und der DDR wurde im Sommer 1973 das fünf Kilometer breite Sperrgebiet um die Stadt Dömitz aufgehoben.

Der Ort und die Festungsanlage wurden wieder für jedermann zugänglich. Nach zwölf Jahren Sperrzone nutzten in den folgenden Monaten Tausende Menschen die Besuchsmöglichkeit bei Verwandten, Bekannten und Freunden. Im Verlauf des Jahres 1974 wurden im Museum auf der Festung über 16000 Besucher gezählt.

Die Ausstellungen und die Veranstaltungen im Museum wurden nun auch von Besuchern der weiteren Umgebung genutzt. Vorträge, Literaturveranstaltungen und Konzerte klassischer Musik in dem 1970 eingerichteten Pulverkellergewölbe erfreuten sich bald großer Beliebtheit. Kabarettabende mit der „Kleinen Bühne Berlin" oder die Konzerte der „Stunde der Musik" waren bis auf den letzten Platz ausverkauft und wurden zu nachhaltig wirkenden schönen Erlebnissen.

Mitglieder des Freundeskreises zur Pflege der niederdeutschen Literatur bei einem Plattdeutschen Abend im Pulverkeller.

Der Pulverkeller des Museums, Ausstellungsraum zur Festungsgeschichte und Raum für Konzerte, Vorträge und Literaturabende.

Die sich schnell verbreitende gute „Mundpropaganda" führte zu einem steigenden Interesse der Informationsmedien an den kulturhistorischen Sehenswürdigkeiten, den Veranstaltungen und der Entwicklung des Museums. Die regionalen Zeitungen, Illustrierte und landesweit erscheinende Magazine veröffentlichten Berichte zur Geschichte und zur kulturellen Nutzung der Festung. Hinweise zu Veranstaltungen, zu Ausstellungseröffnungen und Beiträge zu besonderen Jubiläen und Gedenktagen führten immer mehr kultur- und geschichtsinteressierte Besucher auf die Festung. Bis zur Mitte der achtziger Jahre war das Dömitzer Heimatmuseum zum Museum mit den umfangreichsten Sammlungsbeständen und der größten musealen Ausstellungsfläche des Kreises Ludwigslust herangewachsen. Regelmäßige fachliche Konsultationen mit anderen Museen, eine häufige Zusammenarbeit mit der Landesbibliothek und den Archiven in Schwerin, besonders aber die hauptamtliche Leitung und Betreuung des Museums seit 1974 machten das Museum zu einer wichtigen und anerkannten Forschungsstätte der Regionalgeschichte.

Die Verfilmung der Romane von Fritz Reuter und auch Dokumentationen zu seiner Person ließen das Fernsehen und die Filmproduzenten der DEFA und des Norddeutschen Rundfunks auf die Festungsanlage kommen. Als authentische Kulisse für die Verfilmung von Reuters Roman „Ut mine Festungstid" wurden die Räume im Museumsgebäude, die Bastions- und Kasemattenanlagen und der Dachboden mit der gewaltigen Balkenkonstruktion genutzt.

Dömitzer Einwohner konnten als Laienschauspieler bei den Filmaufnahmen in der Festung mitwirken. Um alle Szenen zu Fritz Reuters Festungszeit in den verschiedenen Festungen drehen zu können, wurden umfangreiche Kulissen in den Kasematten, im Museumsgebäude und im Festungshof aufgestellt.

Gleichzeitig mit der Erweiterung und Vervollständigung der Sammlung zu den Ausstellungsbereichen des Museums erfolgte auch das Gestalten und die Pflege der für die Öffentlichkeit nutzbaren Bastions- und Kasemattenanlagen. Auf dem Hof vor dem Museum und am Turm entstanden Freiflächen für die Aufstellung von größeren witterungsbeständigen Museumsgegenständen. Bis zum Ende der achtziger Jahre war der Bekanntheitsgrad des Museums soweit angewachsen, daß ca. 24000 Besucher alljährlich die Festung besichtigten.

Nach den politischen Veränderungen in der DDR und dem Öffnen der Grenze im Herbst 1989 erfolgten auch bedeutende Veränderungen im Bereich der Festung Dömitz. Noch im November 1989 wurden die seit Mitte der sechziger Jahre gesperrten Bastionsanlagen an der Südwestseite, der Elbseite, der Festung wieder für die Besucher geöffnet und freigegeben. Die uneingeschränkte Reisemöglichkeit entlang der Elbe, die Neugierde auf eine Landschaft und die Menschen, die lange Zeit nicht oder nur schwer erreichbar waren, und das Einsetzen der Elbfähre zwischen den Orten Dömitz und Kaltenhof führten ganze Besucherströme in die Stadt und auf die Festung. Waren es 1992 schon mehr als 43000 Besucher im Museum, so stieg die Anzahl der Museumsgäste nach der Fertigstellung der neuen Elbbrücke im Dezember 1992 im Verlauf des Jahres 1993 auf über 82000 Besucher.

Dieser enorme Besucherzuspruch zeigte einerseits das große Interesse an der Regionalgeschichte und den historisch wertvollen Festungsanlagen, zeigte aber auch, daß für eine anspruchsvolle touristische und kulturelle Nutzung der Festung noch sehr viele Arbeiten erfolgen müssen.

Möbelsammlung zur „Gründerzeit" in den Räumen zur stadtgeschichtlichen Ausstellung des Museums 1990.

Konzert des Göttinger Sinfonieorchesters auf der Freilichtbühne der Festung im Sommer 1992.

Festungshof und Museumsgebäude am Ende der achtziger Jahre.

Denkmalschutz und Denkmalpflege an der Festung Dömitz

Die heute oft zu hörende und zu lesende Aussage, daß die Festung Dömitz ein wertvolles kultur- und militärhistorisches Denkmal mit landesweiter Bedeutung ist, beruht auf einem langjährigen und mühevollen Informations- und Lernprozeß. Im Bereich der Baudenkmale wurden häufig Burgen und besonders Festungsanlagen oder deren Relikte als „militaristisch" und kulturlos eingestuft sowie als Sinnbilder für Zerstörung, Leid und Krieg gemieden, in der Unterhaltung vernachlässigt und bewußt dem Verfall und Abbruch preisgegeben. Die Anerkennung vieler bedeutender kulturhistorischer Leistungen in Verbindung mit der Entwicklung der Wehrarchitektur und das Erkennen einer sinnvollen Gliederung und Gestaltung von mitunter sehr großflächigen Baukörpern führte erst seit den sechziger Jahren zur Bestätigung des Denkmalwertes von Festungsanlagen.

Die vielerorts eindeutig erkennbaren und nachzuweisenden Verbindungen zwischen der Konstruktionsform der Festungen und der Gestaltung, Zuordnung und Entwicklung von Stadtgebieten ist die Grundlage für eine notwendige, komplexe Betrachtung von Landschaft und Festungsarchitektur. Die einzelnen Architekturbereiche der Festungen wie Bastionen, Kasematten, Gebäude und die die steinerne Architektur umgebenden Wallanlagen bilden eine historische und architektonische Einheit, deren besonderer Wert auch in dem Gesetz zum Umgebungsschutz für Denkmale zum Ausdruck kommt. Vollständig erhaltene Festungsanlagen und Stadtbefestigungen des 16. Jahrhunderts stellen heute in der städtischen Architektur eine große Seltenheit dar.

Der Grundriß des Altstadtbereiches und der Festungsanlage in Dömitz zeigt deutlich die planmäßige und nach fortifikatorischen Erfordernissen durchgeführte Gestaltung und Errichtung der Stadt. Die guterhaltenen Festungsanlagen, die umgangssprachlich oft gewählte Bezeichnung „Festungsstadt" und auch der zeitweilig offiziell geführte Ortsname „Festung Dömitz" machen die Verbindung zwischen Stadt und Festung bis in die Gegenwart deutlich. Dieser besonderen städtebaulichen Situation bewußt, gab es schon seit den dreißiger Jahren Bemühungen, die Festungsanlagen in Dömitz nicht nur zu nutzen, sondern sie auch in ihrer überlieferten Form zu bewahren.

Mit dem Aufbau einer kulturellen Einrichtung, dem Museum, in der Festung begann 1953 gleichzeitig das verstärkte Interesse an der Erhaltung und der Sanierung der Gebäude und der Festungsanlagen. Auch ohne die offizielle Anerkennung und Einstufung als Denkmal gab es viele praktische Bemühungen und auch erste finanzielle Aufwendungen zum Erhalt oder zur Wiederherstellung von interessanten und kulturgeschichtlich wertvollen Details an der Festung. Schülergruppen der Oberschule, Studenten des Institutes für Lehrerbildung, die Arbeitsgemeinschaft „Junge Historiker" und die Mitglieder des Museumsbeirates halfen bei der Freilegung verschütteter Kasematteneingänge und dem Beräumen von nicht mehr bewirtschafteten Gartenflächen auf den Bastionsanlagen. Das Entfernen von wildem Bewuchs in den Festungsmauern oder von Bäumen, die mit ihrem Wurzelwerk die Gewölbedecken der Kasematten zerstörten, waren zunächst wichtige, aber auch sehr aufwendige Arbeiten, um weitere größere Schäden an der Bausubstanz zu verhindern.

Studenten des Institutes für Lehrerbildung beim Freilegen des Kasematteneinganges auf der Bastionsanlage „Burg" 1954.

Da die Rekonstruktion der Bastionsoberfläche entsprechend der damaligen militärischen Nutzung nicht möglich war, wurden mit der Hilfe von Schülern und Studenten Grünanlagen auf der Bastion „Burg" angelegt.

Die als Grünanlage gestaltete Bastion „Burg" zu Beginn der siebziger Jahre. Bis zum Jahr 1989 war die Bastions- und Kasemattenanlage „Burg" die einzige der fünf Bastionen, die für die Besucher der Festung zugängig war.

Die Nutzung der Festungsgebäude, der Hauptwache und des Zeughauses als private Wohnungen erforderte bei der Einrichtung und der Bewirtschaftung oftmals „schmerzhafte" Kompromisse, verhinderte aber einen völligen Verfall und den vollständigen Verlust dieser Häuser.

Das Absprechen von notwendigen Reparaturarbeiten, das Prüfen und Abstimmen der möglichen Baumaterialien im Vergleich zu der historischen Bausubstanz und das Berücksichtigen der nur möglichen Bautechnologien innerhalb der Festung haben bei den Sanierungsarbeiten durch die Gebäudeverwaltung oder einzelner Handwerker nicht nur das Vorhandene erhalten, sondern auch die Wiederherstellung von schon zerstörten Architekturdetails ermöglicht.

Erneuerung des Eingangsportales am Giebel der ehemaligen Hauptwache.

Eine bedeutende Beeinträchtigung der Sanierungsarbeiten erfolgte durch die Errichtung der Grenzanlagen nach 1961. Die südwestlichen Bastionsbereiche und der elbseitige Festungswall lagen im Gebiet des 500-Meter-Schutzstreifens und waren somit nicht mehr erreichbar. Auf der Bastion „Drache" wurde ein Beobachtungsturm der Grenztruppen errichtet, und die Bastionsflächen waren für die Bevölkerung gesperrt. In den Kasemattenanlagen der Bastion „Drache" wurden sogar die ohnehin schon vergitterten Schießscharten zugemauert, um das Einsehen und eventuelle Erreichen der Grenzanlagen zu verhindern. Das Zumauern der Schießscharten störte im Laufe der Jahre die zum Trockenhalten des Mauerwerkes notwendige Luftzirkulation in den Kasemattenräumen sehr empfindlich. Quadratmetergroße Ausfrierungen aus dem durchfeuchteten Mauerwerk der Kasemattenwände waren die Folge. Die Zugänge zu den Bastions- und Kasemattenanlagen an der Elbseite der Festung befanden sich teilweise innerhalb der als Gartenland verpachteten Festungsflächen. Die Gartenpächter bekamen von den Grenztruppen und der Polizei strenge Anweisungen, keine fremden Personen in die Gartenflächen und somit in die Bastionsanlagen zu lassen. Die Grenztruppen selbst verursachten beim Befahren der Festung, um den Wachturm auf der Bastion zu erreichen, mit ihren Fahrzeugen erhebliche Schäden. Die Kraftfahrer zerstörten durch ein rücksichtsloses Fahren häufig schon saniertes Mauerwerk oder neu angelegte Grünflächen und Wege für die Festungsbesucher. Ein bedeutender Verlust für die Festungsanlagen war das Einebnen des Garnisonsfriedhofes sowie das Abriegeln der elbseitigen Wallanlagen mit den Zäunen des Sperrgebietes.

Wachturm der Grenztruppen auf der Bastion.

Kasemattengewölbe mit zugemauerten Schießscharten in der Bastion „Drache".

Grenzzaunanlagen und Wachturm auf dem Festungswall 1968.

Die 1973 neu errichteten Grenzzäune und die Fahrwege zu den Beobachtungstürmen zerstörten in großen Teilen die historischen Wallanlagen der Festung.

Gebäude der ehemaligen Gewerbeschule vor der Festung, fotografiert 1960.

Das vernachlässigte Gebäude der ehemaligen Gewerbeschule, seit 1945 als Wohnhaus genutzt, wurde 1973 zu den Arbeiterfestspielen mit den Fahnen des RGW „geschmückt", um die schadhaften und kaputten Fenster zu verdecken.

Mitte der siebziger Jahre wird das Gebäude wegen des desolaten Bauzustandes und der Nähe zu den neuen Grenzschutzanlagen abgerissen.

Luftaufnahme der Festungsanlagen im Frühjahr 1988. Aufgenommen vom Bundesgrenzschutz.

Der augenscheinlich gute bauliche Zustand der Gebäude und Festungsmauern wird noch heute durch die umfangreichen Erneuerungsarbeiten von 1851-1865 hervorgerufen. Nach genauerem Betrachten der Bausubstanz wird aber schnell deutlich, daß die tatsächliche Beschaffenheit und der Bauzustand der Festungsanlage besorgniserregende Verfallserscheinungen aufweist.

Nach immer wieder erneutem Hinweisen auf die Schäden am Mauerwerk der Festungswände, die durch Hochwasser und Eis alljährlich vergrößert wurden, und nach dem Untersuchen und Dokumentieren der größten Schadstellen begannen in den siebziger Jahren zielgerichtet Sanierungsarbeiten an den stadtseitigen Bastionsmauern und den Kurtinen der Festung.

1975 wurde die Anlage der Festung Dömitz offiziell zum Denkmal erklärt und urkundlich in die „Zentrale Liste" der kulturhistorischen Denkmale der DDR aufgenommen. Im gleichen Jahr wurde durch erneutes Beantragen vom Museumsleiter und ehrenamtlichen Denkmalpfleger Karl Scharnweber und mit der Unterstützung der Dresdener Arbeitsgruppe Militärhistorische und Waffenmuseen erreicht, daß jährlich 15000 Mark Denkmalpflegegelder vom Rat des Bezirkes Schwerin für die Festung zur Verfügung gestellt wurden. Mit diesen kontinuierlich nutzbaren Finanzmitteln konnten in den folgenden Jahren dringend notwendige Sanierungsarbeiten an den Festungsmauern und auch den Festungsgebäuden ausgeführt werden. Reichte das Geld in einem Jahr nur zur Beschaffung des notwendigen Baumaterials, dann wurden die Bauleistungen auf die folgenden Jahre verteilt und somit über einen längeren Zeitraum auch umfangreichere Reparaturarbeiten möglich.

Zum Ende der achtziger Jahre erfolgte im Rahmen einer Untersuchung für die Erarbeitung einer weiterführenden und detaillierteren denkmalpflegerischen Zielstellung eine Bestandsaufnahme und Beschreibung der Festungsanlagen.

Zu den Mauern und Bastionsanlagen wurde verzeichnet, daß offene Fugen, Fehlstellen von Ziegelsteinen und das Einwirken von starken Verwitterungserscheinungen zu einem schlechten Zustand des Mauerwerkes führten. Die äußeren Ziegelsteinschichten, die 1865 vor den Kern der alten Festungswand gemauert worden waren, lösten sich nach dem Einwirken von Wasser und Frost und brachen aus den Wänden heraus. Setzungserscheinungen waren im gesamten Festungskomplex nur in geringem Maße ersichtlich. Das Mauerwerk neben dem Innentor und das der Kasemattengewölbe in der Bastion „Greif" sowie an einer Flanke der Bastion „Held" war von Rissen durchzogen. In den leichteren Wänden der Festungsgebäude wurden mehrere Setzungsrisse festgestellt. Die Setzungserscheinungen haben aber noch nicht zu Nutzungseinschränkungen an den Gebäuden geführt. Seit Beginn der achtziger Jahre wurde auch mit Gipsmarken auf den Setzungs- und Spannrissen die Veränderungen am Mauerwerk beobachtet und kontrolliert.

Die Bausubstanz der Festungsgebäude ist in sehr unterschiedlicher Qualität erhalten. In den Erdgeschoßbereichen aller Häuser sind durch das Fehlen von Isolierschichten starke Durchfeuchtungen, teilweise bis in zwei Meter Höhe, vorhanden. Die oberen Stockwerke sind in einem relativ guten Zustand. Durch Schäden an den Dachdeckungen, teilweise noch Kriegsschäden, wurden die Wohnraumdecken bei Regenwetter teilweise durchfeuchtet und beschädigt.

Die Form und Größe der Fenster und Türen in den Festungsgebäuden ist auf die einheitliche Gestaltung der Häuser bei der Festungserneuerung 1865 zurückzuführen. Die Gliederung der Fenster mit Fensterkreuzen und die proportionale Aufteilung der Fensterflügel mit Sprossen gaben den Fensterkonstruktionen eine gute Stabilität und fügten sich harmonisch in die gesamte Hausfassade ein. Die Haustüren, alles zweiflüglige nach innen zu öffnende Türen, besitzen die gleiche Konstruktionsform und ein Ornament auf den Holzteilen. Die in den oberen Türflügelhälften eingesetzten Ornamentglasscheiben werden durch geschmiedete Ziergitter geschützt. Für die sechs Haustüren der Gebäude wurden die Ziergitter in gleicher Größe, aber mit sehr unterschiedlichen Zierformen angefertigt.

Die Mauern der Festungsgebäude besitzen durch den militärischen Charakter der Anlage nur wenige Schmuckelemente. Gesimsprofile, ein Backsteinfries (Deutsches Band) und die Gestaltung der Fenster- und Türstürze sind die einzigen Schmuckornamente an den Häusern.

Mauerwerksschäden kleineren Umfangs konnten mit den seit 1975 bereitgestellten Denkmalpflegemitteln ausgebessert und behoben werden.

Neuer Zustand der Stützmauer am westlichen Kommandantenhausgiebel.

Mauerwerkszerstörung durch Wasser und Frost im Grabenbereich der Festungsmauer.

Gehölze wie Holunderbüsche, Birken und Weiden sprengen mit ihrem Wurzelwerk das Steinmaterial der Festungsmauern auseinander.

Rekonstruierte Trinkwasserpumpe im Festungshof.

Bei der Fenster- und Türenerneuerung des Scheunengebäudes wurden die ursprünglichen Größen der Mauerwerksöffnungen wiederhergestellt.

Gemütliches Beisammensein nach getaner Arbeit, viele Einwohner der Stadt waren bei freiwilligen Arbeitseinsätzen auf der Festung eine große Hilfe für die Pflege und das Gestalten der Festungsanlagen.

Die Ausbesserung der Gestaltungselemente an den Gebäuden (Gesimse, Sandsteinelemente, Fensterläden usw.) würden das Gesamterscheinungsbild der Festungsanlage erheblich verbessern. Die Dächer sämtlicher Festungsgebäude bedürfen einer Ausbesserung oder der vollständigen Sanierung. Fehlende Dachziegel führen zu Beschädigungen der Holzkonstruktion des Dachgebälks. Eine desolate Dachentwässerung verursacht Feuchtigkeitsschäden an den unteren Gebäudebereichen. Die eingeschränkten Materialmöglichkeiten führten bei den Reparaturarbeiten der jüngeren Vergangenheit zur Verwendung nicht artgerechter und denkmalpflegerisch vertretbarer Baustoffe. Die schweren Doppelrömer-Dachsteine sollten bei einer zukünftigen Dachsanierung gegen eine historisch richtige Biberschwanzdachdeckung ausgewechselt werden.

Die seit 1990 mit der Unterstützung durch Bundes-, Landes-, Kreis- und kommunale Finanzmittel durchgeführten Sanierungsarbeiten vollzogen sich im Rahmen der dringend notwendigen Substanzsicherung. Ausbesserungsarbeiten an den elbseitigen Festungsmauern, die sich bis 1989 im Sperrgebiet befanden, die Wiederherstellung von Belüftungsschächten und das Sanieren der teilweise noch verschütteten Kasematteneingänge waren die hauptsächlichsten Arbeiten.

Im Frühjahr 1990 begann der Abbruch der Grenzzäune unterhalb der Festungsanlagen.

Das auch von Privatleuten demontierte Grenzzaunmaterial war bald darauf an den Gartenzäunen auf der Festung wiederzufinden.

Mauerschäden an einer elbseitigen Bastionswand.

Erneuerung der Außenwand an der Bastion „Held". Das Steinformat und die Festigkeit der Ziegel sind dem alten Mauerwerk angeglichen.

Die Sanierungsarbeiten an den Außenmauern erfordern einen niedrigen Wasserstand im Festungsgraben und eine aufwendige Baugerüstkonstruktion.

Bei dem Freilegen der verschütteten Kasematteneingänge wurden die alten Stützmauern aus Fels- und Raseneisenstein wieder sichtbar.

Nach der Wiederherstellung des Kasematteneinganges erfolgte die Rekonstruktion des Schützenantrittes an der elbseitigen Kurtine.

Die rekonstruierten Bastionsanlagen im Januar 1994.

Sanierungsarbeiten an den Luftschächten der Bastion „Greif".

Seit dem Februar 1994 sind die sanierten Anlagen der Bastion „Greif" für die Besucher zugänglich.

Die weitere Erschließung und Nutzung der Festungsanlage verlangt eine sukzessive Weiterführung der Sanierungsarbeiten unter der Berücksichtigung der denkmalpflegerischen Anforderungen und Notwendigkeiten.

Bei den gegenwärtig durchgeführten Sanierungsarbeiten steht die Beräumung nicht mehr genutzter Gartenflächen im Vordergrund. Die Bastionsplattformen sollen künftig als Grünflächen oder als rekonstruierte Verteidigungsanlagen hergestellt werden. Notwendige Sicherungsarbeiten an den Gebäuden und den Außenmauern der Festung müssen zur Verhinderung größerer Schäden und zur Gefahrenabwendung für die Festungsbesucher konsequent weitergeführt werden.

Die Grabenbereiche und der Festungswall müssen durch Pflegemaßnahmen und das Entfernen der teilweise noch vorhandenen fremdartigen Nutzung in ihrem ursprünglichen Erscheinungsbild wieder erkennbar werden. Aus historischer und touristischer Sicht wäre die Rekonstruktion der Zugbrückenanlage vor dem Eingangstor der Festung ein großer Gewinn.

Bei der heutigen Betrachtung des Denkmalwertes der Festungsanlagen ist von besonderer Bedeutung, das alle Teile und Bereiche der Festung als ein eng zusammengehörender Komplex behandelt werden müssen.

Auf der Grundlage der bisherigen festungsgeschichtlichen Forschung und Analogschlußfolgerungen zur Baugeschichte der Wehrarchitektur können denkmalpflegerische Sanierungs- und Erhaltungsmaßnahmen das heutige Erscheinungsbild der Festung bewahren. Bei allen Restaurierungsarbeiten müssen weiterführende Untersuchungen auf Originalbefunde zur Baukonstruktion und Materialverwendung geführt werden.

Luftaufnahme von der Festung im Mai 1994.

Zu den kulturhistorisch wertvollsten Details der Festungsanlage gehören die Tore am Eingangstunnel der Festung und die Reliefquader der ehemaligen Kommandantenhausfassade. Das Haupttor der Festung, in der Flanke der Bastion „Cavalier", ist eine Sandsteinarbeit, die entsprechend ihrer Ornamentik in die Stilepoche der Renaissance einzuordnen ist. Ob das Tor schon von dem italienischen Baumeister Francesco a Bornau beim Bau der Festungsanlage von 1559 bis 1565 errichtet wurde oder der aus Emden stammende Baumeister G. E. Piloot das Tor in dieser mehr der niederländischen Renaissance entsprechenden Architektur bei der Verstärkung der Festung zu Beginn des 17. Jahrhunderts errichten ließ, kann nicht mit Gewißheit gesagt werden.

Die Datierung in der Portalinschrift des Tores und der Hinweis auf den Bauherrn Joh. Albrecht I. von Mecklenburg sind genaue Angaben zur Errichtung der Festungsanlage, besagen aber nicht, daß das Festungstor in dieser Form auch schon 1565 fertiggestellt wurde. Das Tor besteht aus zwei Durchgängen, einer größeren Wagendurchfahrt und einem Personentor. Der große Torbogen hat eine Breite von 3,10 Meter und eine Höhe von 3,00 Meter in der Bogenmitte. Der Personendurchgang fügt sich an die rechte Torseite an. Die Tordurchfahrt ist mit kannelierten Pilastern, die mit Diamantquadern unterbrochen sind, eingefaßt. Der Torbogen ist ebenfalls mit Diamantquadern besetzt. Links und rechts des Torbogens befinden sich plastische Kopfornamente, die einen Mann und eine Frau darstellen.

Über den Pilastern und dem Rundbogen schließt ein Architav an, der mit Löwenköpfen, Diamantquadern und der Inschrifttafel zum Festungsbau gestaltet wurde. Auf einem darüber liegenden Gesims steht ein Portalaufsatz, der ebenfalls mit Pilastern und Voluten begrenzt ist und mit einem Giebel nach oben abschließt. Den Aufsatz zieren das mecklenburgische Wappen des Herzogs Johann Albrecht I. und das preußische Wappen seiner Gemahlin Anna Sophia.

Detailfoto von dem Portalaufsatz mit der Inschrifttafel, den Wappen und der Soldatenkopfplastik.

Einzeldarstellung des mecklenburgischen Wappens von Herzog Johann Albrecht I.

Einzeldarstellung des preußischen Wappens der Prinzessin Anna Sophia (Wappen des Herzogs Albrecht Friedrich von Preußen).

Das gesamte Sandsteintor weist heute starke Schäden auf. Materialermüdungen, Verwitterung und vor allem mechanische Beeinflussungen haben die Schäden hervorgerufen. Das Sandsteinmaterial ist brüchig und wird durch die Umweltveränderungen in den Oberflächen zersetzt. Von den Fugen ausgehend, verbreiten sich Moose und kleine Pflanzen zwischen den Sandsteinteilen.

Die größten Schäden sind an der linken und rechten Torbogenleibung aufgetreten, wo im Lauf der Jahre durch den Fahrzeugverkehr die Sandsteinkonstruktion bis zu einer Höhe von 1,60 Meter beschädigt oder vollständig zerstört wurde. Die linke Torleibung ist schon vollständig durch Mauerwerk und Putz ersetzt worden.

1986 ist die Plastik eines Soldatenkopfes, das Original war nach dem zweiten Weltkrieg verlorengegangen, auf dem Torgiebel durch den Dömitzer Bildhauer Gerhard Hampel ersetzt worden.

Mit Hilfe einer Hebebühne mußte die neue schwere Soldatenkopfplastik auf den Torgiebel gesetzt werden.

Das innere Tor am Eingangstunnel der Festung ist 1790 datiert und auch in Sandstein gefertigt. Bis auf eine ovale Holztafel mit den Initialen F. F. (für Friedrich Franz I.) und zwei Reliefquader neben dem Torbogen ist dieses Tor schmucklos. Obwohl dieses Tor eine größere Breite und Höhe als das Haupttor besitzt, befinden sich an den Torleibungen Schäden durch den Fahrzeugverkehr auf den Festungshof. Als besonders wertvolle kulturhistorische Architekturelemente bedürfen beide Tore baldmöglichst einer denkmalgerechten Sanierung und Konservierung, um sie der Nachwelt zu erhalten.

In der Terrasse vor dem heutigen Museumsgebäude und in der Begrenzungsmauer an der Freilichtbühne befinden sich Reliefquader mit unterschiedlichen Darstellungen von Dämonen, Engeln und Sonnensymbolen. Diese Reliefquader sollen Bestandteile der ursprünglichen Fassade des Kommandantenhauses, das im 17. Jahrhundert auch als Schloß bezeichnet wurde, gewesen sein. Die sehr unterschiedliche Gestaltung der Bild- oder Schauseite

Fahrzeugschäden an der rechten Torbogenleibung.

Montage der Plastik durch den Bildhauer G. Hampel und Arbeitern der Dömitzer Gebäudeverwaltung am 9. September 1986.

der Sandsteinquader und die Reste von einem starken Gesims oder Profil an einigen Steinen lassen darauf schließen, daß die Reliefquader in voneinander getrennten und unterschiedlichen Gebäudeteilen eingebaut waren. Eine Überlieferung zur Gliederung oder zu einzelnen Elementen der Fassade des Hauses ist nicht bekannt.

In der Architektur der deutschen Renaissance sind Reliefquader und Kerbschnitt-Bossensteine seit der Mitte des 16. Jahrhunderts bekannt. Die klaren Ornamente und die strengen geometrischen Formen dienten zur Gliederung und Dekoration von Fassaden und Portaleinrahmungen. Ein figürlicher Bildschmuck auf Steinquadern wird nach niederländischen Vorbildern in der zweiten Hälfte des 16. Jahrhunderts auch in der deutschen Renaissancearchitektur verwendet. Als Motive für die Gestaltung erscheinen häufig Tierdarstellungen, aber auch Gesichter von Engeln, Teufeln und unbestimmbaren dämonischen Fabelwesen. Die Vielzahl der Motive und der sinnbildliche Gehalt der Darstellungen zeigt, daß die Welt als Schöpfung Gottes sowie die teuflischen und himmlischen Mächte und auch die Welt der Menschen als Vorbilder zur Gestaltung dienten. Die Darstellung und Zuordnung von porträtähnlichen menschlichen Gesichtern kann auf eine Selbstdarstellung der Steinmetze oder auf die Person des Bauherrn zurückzuführen sein. Im Haupttor der Festung befinden sich solche Porträtdarstellungen links und rechts des großen Torbogens. Im 16. und 17. Jahrhundert waren es die Menschen gewohnt, durch die Verbreitung von symbolartigen Darstellungen die Reliefsteine als „Denkbilder" zu erkennen und zu deuten. Trotz der sich stark entwickelnden Wissenschaften verblieben im Volksglauben Teufel- und Hexenvorstellungen. Die Darstellung der Teufels-, Dämonen- und Engelsgesichter erscheint auf den Reliefsteinen in vielen Variationen. Allen Sinnbildern auf den Reliefsteinen wurde eine warnende und mahnende Kraft zuerkannt. Aber nicht jedes Detail der Bilder war im Zusammenhang mit dem religiösen Glauben zu sehen, viele Gestaltungselemente müssen auch der Formenfreunde der Steinmetze zugeschrieben werden.

Die Reliefquader können nicht als anspruchsvolle Kunstwerke eingestuft werden. In ihrer Gestaltung und Ausdruckskraft sind sie aber Beispiele für eine solide und beachtenswerte handwerkliche Leistung.

Sonnensymbol auf einem Reliefquader, heute in der Begrenzungsmauer der Freilichtbühne im Festungshof.

Engels- und Dämonendarstellungen als warnende und mahnende Bilder aus Sandstein.

Apfelbäume, Nachtigallen und Fledermäuse – das besondere Biotop des Festungsgebietes

Die Architektur und die Nutzung von Festungen ist seit der Entwicklung dieser großflächigen Wehranlagen auf das engste mit der Einbeziehung des natürlichen Umfeldes verbunden. Die Verwendung von Erdreich mit Grasnarbe auf den Bastionsanlagen zur Minderung der Einschlagswirkung von Geschossen und die Verwendung von Erdreich und Wasserläufen für die Konstruktion der Festungswallsysteme haben zwangsläufig zum Entstehen eines besonderen Landschaftsbildes und eines dafür eigenen Biotops geführt. Solange Festungsanlagen militärisch genutzt wurden, wurden die weitläufigen Grünflächen der Wallanlagen als Bestandteile des Verteidigungssystems einer militärischen Pflege unterzogen. Neben einer niedrig gehaltenen Bodenvegetation gab es in den Wallanlagen Baumanpflanzungen von schnell wachsenden Gehölzen wie Linden, Pappeln und Weiden, die im Bedarfsfall eingeschlagen wurden und als Bau- und Armierungsmaterial oder Brennstoff dienten. Auf den Wallkronen standen häufig bis zu 80 cm hohe Dornenhecken, die verteidigungstechnisch ein Annäherungshindernis waren, aber gleichzeitig mit ihrem Wurzelwerk auch das Erdreich der Wallkrone vor Erosionserscheinungen schützten.

Mit dem Ausnutzen von natürlichen Wasserläufen oder dem Anlegen von künstlichen Bewässerungsbauwerken wurden um Festungsanlagen nasse Grabensysteme geschaffen, die die Sicherheit und Verteidigungsmöglichkeit der Festungen verbesserten. Diese wasserführenden Grabensysteme führten zu einem hohen Grundwasserstand und einer guten Wasserversorgung der benachbarten Vegetation.

Der Festungsgraben mit normalem Wasserstand in den Wintermonaten.

An Festungsanlagen mit umfangreichen Besatzungstruppen gab es auch vielfach Nutz- und Ziergärten, die mit zur Versorgung der Festungsbesatzung bewirtschaftet wurden. Auch in den Grundrißplänen und Karten zur Dömitzer Festung sind solche Garnisons- oder Kommandantengärten verzeichnet.

Mit der zivilen Nutzung der Festungswallanlagen als Garten- und Weideland kamen viele Kulturpflanzen in den Lebensraum der „wilden" Pflanzen im Festungsgebiet. Die nährstoffreichen Bodenverhältnisse und die gute Wasserversorgung durch den Festungsgraben führten zu einer selbständigen Ansiedlung und Verbreitung der Pflanzenarten auch nach Aufgabe und Einstellung der Kultivierungsarbeiten auf den Wallanlagen.

Die abgeschiedene Lage der Festungswälle der Dömitzer Festung durch die Errichtung der Grenzzäune führte zur Entwicklung eines relativ unberührten Lebensraumes für die Pflanzen und Tiere.

Der ständige Wechsel des Wasserstandes zwischen Hochwasser in den Winter- und Frühjahrsmonaten und Niedrigwasser oder Trockenheit im Sommer bot vielen Pflanzen und Tierarten einen Lebensraum, der andernorts durch Meliorationsmaßnahmen oder wasserbautechnische Anlagen zerstört war.

Die Ruhe und die Nichtbewirtschaftung der gesperrten Wallanlagen schaffte die Voraussetzung für die Entwicklung eines eigenen und besonderen Ökosystems um die Festung. Die zielgerichtete und kontinuierliche Beobachtung der Flora und Fauna begann erst in den siebziger Jahren in den noch zugänglichen stadtseitigen Festungsanlagen und Wallbereichen.

Bestandsaufnahmen und die Bestimmung der Pflanzen- und Tierarten in den achtziger Jahren zeigte, daß zu der Vielzahl der schon vorhandenen Arten auch Pflanzen und Tiere gehörten, die schon im Bestand gefährdet sind oder als vom Aussterben bedroht gelten.

Obstbäume am Festungswall, Aufnahme von 1940.

Grünanlagen am Wallmeisterhaus 1940.

Hochwasser an der Festung 1988.

In den Sommermonaten führt der sehr niedrige Wasserstand der Elbe oft zum Austrocknen des Festungsgrabens.

Das Erkennen dieses besonderen Ökosystems und der darin beheimateten wertvollen Tier- und Pflanzenwelt erforderte Maßnahmen zum Schutz und zur Erhaltung dieses Lebensraumes. In den achtziger Jahren geplante Veränderungen der Hochwasserschutzanlagen zwischen der Elbe und Elde und im Stadtbereich Dömitz und damit verbundene Grundwasserveränderungen hätten die Zerstörung des auf die unterschiedlichen Wasserstände angewiesenen Ökosystems zur Folge. Die Forderung nach dem Berücksichtigen des Naturschutzes und auch der für die Festung geltenden Denkmalschutzgesetze führte zu einer Änderung dieser Hochwasserschutzprojekte. Die Erschließung der gesamten Wallbereiche und die Eingliederung der Festungsanlagen in das Wanderwegesystem der Stadt Dömitz nach der Grenzöffnung 1989 ergaben auch Veränderungen im Landschaftsbild und Eingriffe in das Ökosystem des Festungsgebietes. Notwendige Ausholzungen und das Entfernen von Buschwerk an den Festungsmauern zum Schutz der historischen Bausubstanz oder für dringend erforderliche Sanierungsarbeiten verlangten Kompromisse zwischen der Erhaltungsnotwendigkeit des Denkmals Festung und dem Naturschutz für das Biotop an der Festung.

Zum Schutz der Mauer müssen die großen Weidenbüsche am Fuß der Bastionswände immer wieder zurückgeschnitten werden.

ABM-Kräfte bei der Wiederherstellung des Weges um die Festungsanlage im Herbst 1991.

Die Beräumung von älteren wilden Müllkippen und die Säuberung des Festungsgrabens von Schrott und Hausmüll, der in den letzten Jahren durch die Unvernunft und Gleichgültigkeit einiger Menschen in den Grabenbereich geworfen wurde, sind dringend notwendige Arbeiten, die dem Umwelt- und Naturschutz und dem Denkmalschutz entsprechen und den Gesamtzustand der Festung verbessern würden.

Der fertiggestellte Wanderweg um die Festung im Sommer 1992.

Der Festungsgraben als Mülldeponie. Die bis 1988 am Eingangsbereich im Graben liegenden Schrotteile wurden entfernt, aber noch sind nicht alle Schutt- und Müllhaufen am Festungswall beseitigt.

Vogelarten

die im Festungsbereich ihren Lebensraum gefunden haben:
Brutvögel; Nahrungs- und Wintergäste

Deutsch	Wissenschaftlich	B	RL
Graureiher	Ardea cinerea		
Weißstorch	Ciconia ciconia		
Stockente	Anas platyrhynchos	B	
Sperber	Accipiter nisus		RL 3
Turmfalke	Falco tinnunculus	B	RL 3
Rebhuhn	Perdix perdix	B	RL 3
Fasan	Phasianus colchicus	B	
Bleßralle	Fulica atra	B	
Teichralle	Gallinula chloropus	B	
Ringeltaube	Columba palumbus	B	
Türkentaube	Streptopelia decaoto	B	
Waldkauz	Strix aluco	B	
Mauersegler	Apus apus		
Kleinspecht	Dendrocopus minor		
Buntspecht	Dendrocopus major		
Feldlerche	Alauda arvensis	B	
Rauchschwalbe	Hirundo rustica	B	
Mehlschwalbe	Delichon urbica	B	
Kolkrabe	Corvus corax		
Rabenkrähe	Corvus corone corone	B	
Nebelkrähe	Corvus corone cornix	B	
Dohle	Corvus monedula		RL 3
Elster	Pica pica	B	
Kohlmeise	Parus major	B	
Blaumeise	Parus caeruleus	B	
Sumpfmeise	Parus palustris	B	
Schwanzmeise	Aegithalos caudatus	B	
Beutelmeise	Remiz pendulinus	B	RL 3
Gartenbaumläufer	Certhia brachydactyla	B	
Kleiber	Sitta europaea	B	
Amsel	Turdus merula	B	
Singdrossel	Turdus philomelos	B	
Misteldrossel	Turdus viscivorus		
Wacholderdrossel	Turdus pilaris		
Braunkehlchen	Saxicola rubetra	B	RL 3
Gartenrotschwanz	Phoenicurus phoenicurus	B	
Hausrotschwanz	Phoenicurus ochruros	B	
Nachtigall	Luscinia megarhynchos	B	
Rotkehlchen	Erithacus rubecula	B	
Zaunkönig	Troglodytes troglodytes	B	
Feldschwirl	Locustella naevia	B	
Gelbspötter	Hippolais icterina	B	
Sperbergrasmücke	Sylvia nisoria	B	RL 4
Gartengrasmücke	Sylvia borin	B	
Klappergrasmücke	Sylvia curruca	B	
Dorngrasmücke	Sylvia communis	B	
Mönchsgrasmücke	Sylvia atricapilla	B	
Weidenlaubsänger	Phylloscopus collybita	B	
Fitis	Phylloscopus trochilus	B	
Grauer Fliegenschnäpper	Muscicapa striata	B	
Bachstelze	Motacilla alba	B	
Rotrückenwürger	Lanius collurio	B	RL 3
Star	Sturnus vulgaris	B	
Kernbeißer	Coccothraustes coccothrauste		
Grünfink	Carduelis chloris	B	
Stieglitz (Distelfink)	Carduelis carduelis	B	
Bluthänfling	Acanthis cannabina	B	
Girlitz	Serinus serinus	B	
Dompfaff	Pyrrhula pyrrhula		
Buchfink	Fringilla coelebs	B	
Bergfink	Fringilla montifringilla		RL 1
Goldammer	Emberiza citrinella	B	
Rohrammer	Emberiza schoeniclus	B	
Wintergoldhähnchen	Regulus regulus		
Heckenbraunelle	Prunella modularis	B	

Auswahl vorhandener Pflanzen

im Festungsbereich (zusammengestellt nach einer Kartierung im Sommer 1990)

Deutsch	Wissenschaftlich	RL
Streifenfarn-Mauerraute	Asplenium ruta muraria	RL 3
Acker-Hahnenfuß	Ranunculus arvensis	RL 2
Zungen-Hahnenfuß	Ranunculus lingua	RL 3
Hirschsprung	Corrigiola litoralis	RL 1
Acker-Knorpelkraut	Polycnemum arvense	RL 1
Vielsamiger Gänsefuß	Chenopodium polyspermum	
Feigenblättriger Gänsefuß	Chenopodium ficifolium	
Ampfer-Knöterich	Polygonum lapathifolium	RL 3
Gemeine Nachtviole	Hesperis matronalis	
Wiesen-Schaumkraut	Cardamine pratensis	RL 3
Wasser-Sumpfkresse	Rorippa amphibia	
Zweiknotiger Krähenfuß	Coronopus didymus	
Schmalblättrige Ölweide	Elaeagnus angustifolia	
Gemeiner Gilbweiderich	Lysimachia vulgaris	
Schmalblättrige Vogel-Wicke	Vicia tenuifolia	RL 3
Gemeiner Blutweiderich	Lythrum salicaria	
Hunds-Kerbel	Anthriscus caucalis	RL 3
Wasserfenchel	Oenanthe aquatica	
Gemeiner Schneeball	Viburnum opulus	
Europäische Seide	Cuscutaceae europaea	
Schwarze Königskerze	Verbascum nigrum	
Kleiner Schwammling	Limosella aquatica	RL 3
Früher Ehrenpreis	Veronica praecox	RL 2
Sumpf-Scharfgarbe	Achillea ptarmica	RL 3
Saat-Wucherblume	Chrysanthemum segetum	RL 3
Wiesen-Margerite	Leucanthemum vulgare	RL 2
Strand-Beifuß	Artemisia maritima	RL 2
Wiesen-Alant	Inula britannica	RL 3
Kleines Flohkraut	Pulicaria vulgaris	RL 1
Lanzett-Kratzdistel	Cirsium vulgare	
Wiesen-Flockenblume	Centaurea jacea	RL 3
Schwanenblume	Butomus umbellatus	
Gemeiner Froschlöffel	Alisma plantago aquatica	
Lanzett-Froschlöffel	Alisma lanceolatum	RL 1
Nickender Milchstern	Ornithogalum nutans	
Dolden-Milchstern	Ornithosalum umbellatum	
Wasser-Schwertlilie	Iris pseudacorus	RL 3
Gemeine Hainbinse	Luzula campestris	RL 3
Französische Segge	Carex ligerica	RL 3
Fuchs-Segge	Carex vulpina	RL 3
Steif-Segge	Carex elata	
Schafschwingel	Festuca ovina	
Flutender Schwaden	Glyceria fluitans	
Gemeines Ruchgras	Anthoxanthum odoratum	RL 3
Gemeines Schilf	Phragmites australis	
Ästiger Igelkolben	Sparganium erectum	

Amphibien

Deutsch	Wissenschaftlich	RL
Rotbauchunke	Bombina bombina	RL 2
Kammolch	Triturus cristatus	RL 2
Teichmolch	Triturus vulgaris	
Teichfrosch	Rana esculenta	
Moorfrosch	Rana arvalis	
Grasfrosch	Rana temporaria	
Seefrosch	Rana ridibunda	
Laubfrosch	Hyla arborea	RL 2
Knoblauchkröte	Pelobates fuscus	
Erdkröte	Bufo bufo	

Legende: B = Brutvogel; RL = Rote Liste: – 1 vom Aussterben bedrohte Art – 2 stark gefährdete Art – 3 gefährdete Art – 4 potentiell bedrohte Art

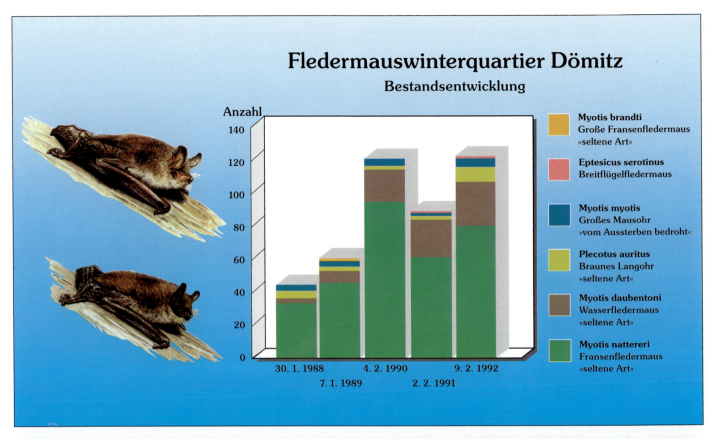

Die Kasemattenanlagen der Festung sind seit mehreren Jahren Winterquartiere für eine große Anzahl von Fledermäusen.

Die Festung in der bildenden Kunst – Betrachtungen zur Gemälde- und Bildersammlung im Museum auf der Festung

Seit dem Sammlungsbeginn für den Museumsfundus gehören Gemälde, Grafiken und Lithographien mit der Darstellung der Festung zu den eindrucksvollen Exponaten der Sammlung und gleichzeitig zu den wichtigen bildlichen Quellen für die Baugeschichte der Festung. Die Festung als Motiv für die bildende Kunst wird erst zu Beginn des 20. Jahrhunderts im Zusammenhang mit dem Genre der realistischen Landschaftsmalerei deutlich. Naturstudien und die Darstellung von monumentaler Architektur konnten im Motiv der Festung verbunden werden und brachten die Darstellungen in den Bereich der Historienbilder. Bis in die Mitte der dreißiger Jahre entstand eine große Anzahl von Bildern, deren Inhalte meist die Darstellung des Festungseinganges, des Wallmeisterhauses oder des Kommandantenhauses waren. Die ersten künstlerischen Darstellungen zur Festung, die sich heute im Bestand des Museums befinden, stammen von Heinrich Becker und Egon Tschisch. Während Egon Tschisch (1889–1948) als Mitglied des Stargarder Malkreises mit seinen Bildern kunsthistorische Bedeutung für Mecklenburg erlangte, war der Maler Heinrich Becker als Laienkünstler nicht über den regionalen Bereich der Stadt Dömitz hinaus bekannt. Beruflich war Heinrich Becker Apotheker, die Bilder malte er als Auftragsarbeiten für Dömitzer Einwohner und zur Illustration von regionalgeschichtlichen Publikationen.

Ein eindrucksvolles Ölbild mit der Darstellung der Nordwestseite der Festung ist von dem Dömitzer Maler Carl Beust um 1920 gemalt worden.
Die Mehrzahl der Arbeiten in der Bildersammlung zur Festung sind Grafiken von Laienkünstlern der Gegenwart. Die Festung als kulturhistorisch wertvolles und beim Betrachten und Erleben imposantes Bauwerk hat immer wieder neue Kunstschaffende zu den verschiedensten Darstellungen angeregt. Die Wiedergabe der verwinkelten Bauwerksbereiche in den unterschiedlichsten Perspektiven und die Harmonie oder der Kontrast der Farben zwischen Natur und Bauwerk waren und sind die häufigsten Gründe für das Motiv Festung.

Eine Vielzahl der Festungsdarstellungen gehörte u. a. zum Ausstellungsinhalt bei der Eröffnung der Turmgalerie in der Festung im Sommer 1992.

Nordostseite der Festung, Heinrich Becker

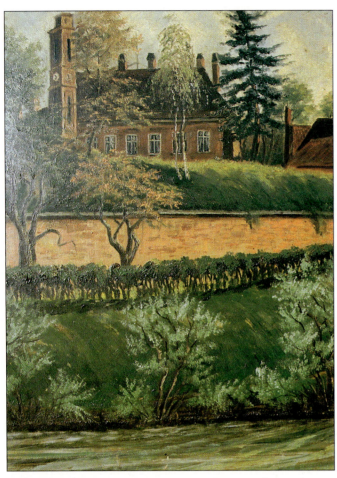
Kommandantenhaus und Wall, Heinrich Becker

Kommandantenhaus, Heinrich Becker

Das Wallmeisterhaus, Heinrich Becker

Wallmeisterhaus mit Baumblüte, Heinrich Becker

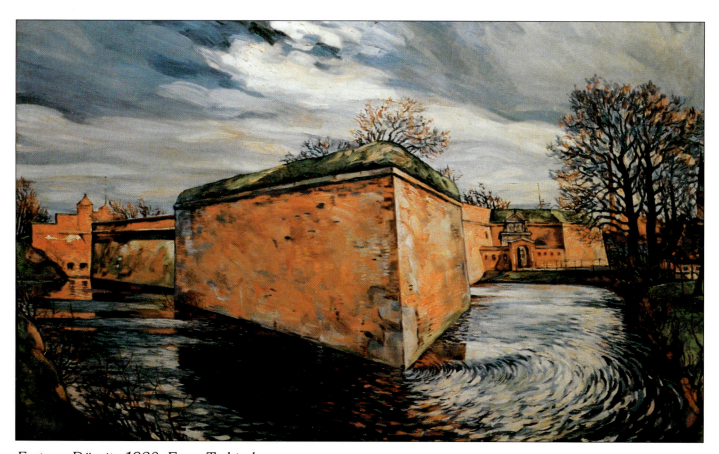
Festung Dömitz 1920, Egon Tschisch

Eingang zur Festung, Linolschnitt, A. Eichhorn

Festung Dömitz, Tuschezeichnung, A. Eichhorn

Festung Dömitz, Tuschezeichnung, A. Eichhorn

Festungseingang, Karl Durow

Festung Dömitz, Carl Beust

Eingang zur Festung 1981, Uwe Beust

Festung Kommandantenhaus 1981, Uwe Beust

Festungstor 1978, Marlis Krogmann

*Festung Kommandantenhaus 1978
Marlis Krogmann*

Wallmeisterhaus 1978, Anngret Tretow

Ausstellungsraum der Turmgalerie in der Festung Dömitz.

Literatur- und Quellenverzeichnis

Borchert, Jürgen	Mecklenburgs Großherzöge, Demmler Verlag, Schwerin, 1992
Borchert, Jürgen	Mecklenburgs Herzöge, Demmler Verlag, Schwerin, 1991
Brun, Hartmut	Zur Geschichte der Festung Dömitz, in: Dömitz 750 Jahre Stadt und Festung, Wittenberge, 1986
Diwald, Hellmut	Wallenstein, eine Biographie, Wilhelm Goldmann Verlag, München, 1969
Glatz, Carl Heinrich	Die Entwicklung des Freiheitsstrafvollzuges in Mecklenburg, Carl Hinstorffs Buchdruckerei, Rostock, 1940
Hechmann, Hermann	Mecklenburg-Vorpommern, Historische Landeskunde Mitteldeutschlands, Verlag Weidlich, Würzburg, 1991
Hückstädt, Arnold	Fritz Reuter, Sein Leben in Bildern und Texten, VEB Hinstorff Verlag, Rostock, 1986
Jürß, Lisa	Maler, Bildhauer und Zeichner, in: Mecklenburg 1000 Jahre und mehr, Hinstorff, 1994
Karge, Wolf	Napoleonische Zeit und Befreiungskriege 1806 bis 1815, in: Die Geschichte Mecklenburgs, Hinstorff, 1993
Kelsch, Wolfgang	Predigt der Steine, Fischer Druck, Wolfenbüttel, 1984
Klürers	Mecklenburgische Chronik, II. Teil, Hamburg, 1738
Madaus, Christian	Mecklenburgische Militärgeschichte von 1700 bis 1871, Verlag Krüger und Niestedt, Hamburg, 1980
Mansfeld, Heinz	G. E. Piloot - Ein Baumeister der Spätrenaissance in Mecklenburg, in: Denkmalpflege in Mecklenburg, Jahrbuch, 1951, Schwerin, Sachsenverlag Dresden
Mecklenburgisches Urkundenbuch II. Band	
Merian	Topographia Germaniae, Bärenreiter Verlag, Kassel, 1962
Neumann, Hartwig	Festungsbaukunst und Festungsbautechnik, Verlag Bernard und Graefe, Koblenz, 1988
Neumann, Hartwig	Das Zeughaus, Verlag Bernard und Graefe, Koblenz, 1988
Neumann, Hartwig	Zitadelle Jülich, Verlag Jos. Fischer, Jülich, 1986
Otto, Hermann	Das „feste Schloß" zu Dömitz, in: 700 Jahre Festung Dömitz, Carl Hinstorff Verlag, Rostock, 1935
Rubach, Gustav	Dömitz in alter Zeit, in: Dömitz die alte Festungsstadt, Verlag E. Mattig, Dömitz, 1933
Schlie, Friedrich	Die Kunst- und Geschichtsdenkmäler des Großherzogtums Mecklenburg-Schwerin, Band III, Schwerin, 1899
Scharnweber, Jürgen	Festung Dömitz, in : fortifikation, Fachblatt des Studienkreises für Internationale Festungs-, Militär- und Schutzbauwesen e.V., Sonderausgabe 2/1993
Scharnweber, Karl	Fritz Reuter in Dömitz, in: Land und Leute, Ludwigslust, 1960
Schmied, Hartmut	Mecklenburg im Dreißigjährigen Krieg, in: Die Geschichte Mecklenburgs, Hinstorff, 1993
Teske, C.	Die Wappen der Großherzogthümer Mecklenburg, ihre Städte und Flecken, Verlag C. A. Starke, Görlitz, 1885
Töteberg, Michael	Fritz Reuter, Rowohlt, Hamburg, 1978
Vitense, Otto	Geschichte von Mecklenburg, Gotha, 1920
Wachter, Berndt	Aus Dannenberg und seiner Geschichte, Schriftenreihe des Heimatkundlichen Arbeitskreises Lüchow-Dannenberg, Heft 3, Beckers Buchdruckerei, Uelzen, 1983
Wachter, Berndt	Dannenberg, in: Hannoversches Wendland, Theiss Verlag, Stuttgart, 1986

Handschriftliche Quellen:

Akten zur Festung Dömitz im Landeshauptarchiv Schwerin, Volumen Nr. 895, 896, 897, 898, 899.

Akten zum Zeughaus auf der Festung Dömitz im Landeshauptarchiv Schwerin, Bestand Militaria Nr. 4755a, 4755b, 4755c, 4688.

Akten mit Kommandanturberichten zur Festung Dömit im Landeshauptarchiv Schwerin Nr. 2A 18/02, 2265 Akte F 11 bis F 22, Akte F 40, Akte F 56.

Akten zu den Militärbauten auf der Festung Dömitz im Landeshauptarchiv Schwerin Nr. G 22, G 23, G 56.

Aufzeichnungen zu den denkmalpflegerischen Arbeiten an der Festung Dömitz, Bestand im Museum Dömitz.

Aufzeichnungen aus der Chronik des Museums Dömitz.

Bildnachweis

Repros aus dem Landeshauptarchiv Schwerin:

Seite 11, 28, 36, 37, 38, 44/45, 48/49, 52, 62, 63, 64, 65, 67 oben

Fotos und Repros vom Verfasser:

Seite 25, 29, 59 rechts, 66, 67 unten, 68, 69 rechts, 78 unten, 79, 82, 83, 94, 95, 96, 99 unten, 100 unten, 105, 106, 107, 108, 109, 110, 111, 112, 114, 115, 116, 117, 118, 119, 120, 122 unten, 123, 124, 126 unten

Fotos und Repros aus der Sammlung des Museums Dömitz:

Seite 5, 8, 10, 12, 13 oben, 14, 16, 17 oben, 18 unten, 20, 23, 24, 26, 27, 30, 31, 32, 39, 41, 42, 43, 46, 47, 53, 54, 55, 56/57, 58, 59 links, 60, 69 links, 70, 71, 72, 73, 74, 75, 76, 77, 80, 81, 84, 85, 86 oben, 87, 88, 89, 90, 91, 92, 93, 97, 98, 99 oben, 100 oben, 101, 121, 122 oben, 127, 128, 129, 130, 131, 132, 133, 134, 135

Seite 13 Klaus Baier, Rostock

Seite 15 Repro aus Meckl. Urkundenbuch, Band 2

Seite 17 unten, 18 oben, 19, 21, 22, 33 Repros aus Festungsbaukunst, H. Neumann, Koblenz, 1988

Seite 34, 35 Repro aus Topographia Germaniae Merian

Seite 51, 78 oben Fernsehen der DDR, Berlin

Seite 86 unten Postkartenverlag Bild und Heimat, Reichenbach

Seite 102/103 Bundesgrenzschutz 1988

Seite 113 Luftbildtechnik B. Balaschitz, Parchim